음식은 문화다

속담으로 본 한·중 음식문화

014

음식은 문화다 속담으로 본 한·중 음식문화

초판 1쇄 인쇄 2020년 11월 25일
초판 1쇄 발행 2020년 12월 01일
–
지은이 이화형
펴낸이 이방원
편 집 정조연·김명희·안효희·정우경·송원빈·최선희·조상희
디자인 박혜옥·손경화·양혜진   **영 업** 최성수   **마케팅** 이예희
–
펴낸곳 세창미디어
　　　신고번호 제312-2013-000002호   주소 03735 서울시 서대문구 경기대로 88 냉천빌딩 4층
　　　전화 723-8660 팩스 720-4579 이메일 edit@sechangpub.co.kr 홈페이지 http://www.sechangpub.co.kr
　　　블로그 blog.naver.com/scpc1992 페이스북 fb.me/Sechangofficial 인스타그램 @sechang_official
–
ISBN 978-89-5586-642-1 04910
　　　978-89-5586-492-2 (세트)

이 도서의 국립중앙도서관 출판예정도서목록(CIP)은 서지정보유통지원시스템 홈페이지(http://seoji.nl.go.kr)와
국가자료종합목록 구축시스템(http://kolis-net.nl.go.kr)에서 이용하실 수 있습니다.(CIP제어번호: CIP2020048868)

014

음식은 문화다

속담으로 본 한·중 음식문화

이화형 지음

세창미디어
MEDIA

머리말

      한국의 역사 속에는 허균(1569~1618)과 같은 미식가들이 많았다. 맛있는 음식이라면 사족을 못 썼던 허균은 조선 최초의 음식비평서라는 『도문대작(屠門大嚼)』(1611)을 지었는데, 거기에서 "식욕과 성욕은 모두 본성이고 음식은 생명에 관계된다"고 했다. "닷새 굶어 도둑질 않는 놈 없다"는 속담도 있을 만큼 인간에게 먹는 것은 목숨과도 같이 중요하다. 또 우리의 생활이 여유로워 먹을 것이 넘치면서도 식사했는지를 묻는 습관이 이어져 올 만큼 먹는 것은 삶의 기본적 요소이다. 하기야 인류 문명을 발전시킨 원동력이 먹기 위한 욕망이었다고도 하니 더 이상 말이 필요 없을 듯도 하다.

얼마 전 한국으로 유학을 왔던 중국의 여학생 하나가 자국으로 돌아가며 "다시 한국에 안 올 것이다"라는 말을 하고 떠났다. 나를 무척 따르던 학생이었고 나에게 고마움을 전하면서도 왜 독하게 그런 말을 했을까? 사실 듣는 순간 좀 언짢기도 하였다. 그러나 생각해 보면 그럴 수밖에 없다. 그 학생은 한국 체류 기간 내내 음식이 입에 맞지 않아 늘 고생을 했었기 때문이다. 그렇다. "싫은 매는 맞아도 싫은 음식은 못 먹는다"는 속담처럼 외국 생활에 성공하기 위해 가장 관건이 되는 것이 음식일지도 모른다. 이 사건이 있은 뒤로 나는 유학생들에게 음식의 중요성을 더욱 강조하게 되었다.

최근에는 건강에 대한 관심이 뜨거워지고 여행을 통해 즐거움과 여유를 구가하고자 하는 분위기가 역력하다. 이러한 현상은 앞으로 더할 것이다. 우리의 건강과 행복을 보장해 줄 뿐만 아니라 외국에서의 생활이나 여행을 평안하게 이끌어 주는 것은 무엇보다 음식이라고 본다.

특히 세계 테마 기행에서 음식 기행만큼 자연스럽고 의미 있는 분야도 드물 것이다. 여행의 재미는 그 절반 이상이 먹는 즐거움에 있다고도 한다. 웰빙을 위한 지혜로운 식생활과 함께 여행을 하며 새로운 맛을 느껴 보는 음식체험이야말로 우리를 설레게 한다.

외국인들은 한국이라고 하면 맨 먼저 문화라는 이미지를 떠올리고, 문화 아이콘 중에서는 음식을 최우선으로 꼽는다는 조사결과가 언론에 보도되곤 한다. 우리는 "먹고 죽은 귀신이 때깔도 좋다"는 속담을 지닌 나라다. 그렇다면, 과연 한국음식의 특성이 무엇이며, 이러한 음식들을 향유하는 식습관과 음식에 대한 한국인의 철학은 어떤 것인지 주의 깊게 살펴볼 필요가 있다.

한국 음식문화의 정체성은 무엇보다 타 국가들과의 비교를 통해 잘 드러날 것이다. 특히 가까운 중국이나 일본의 음식문화와 유사하면서도 다른 점은 중요하게 인식될 수 있다. 중국 사람은 혀로 먹고, 일본 사람은 눈으로 먹고, 한국 사람은 배로 먹는다는 말도 있다. 중국에서 유입된 쌀을 비롯한 배추, 장, 술 등이 우리의 대표적인 음식이 된 반면, 고려시대에는 상추쌈, 약과 등이 중국에 전해졌고, 수교 후 드라마 〈대장금(大長今)〉을 통해 한국 전통음식에 대한 중국 사람들의 관심이 증폭되어 중국의 슈퍼마켓에서 한국 김치들이 인기리에 판매되기도 했다. 일본의 다쿠앙쓰케[澤庵漬]가 한반도에 유입되어 단무지로 토착화되는가 하면 김치를 비롯하여 소주나 된장의 문제 등 끊임없이 한국과 일본 간의 음식문화적 충돌의 양상이 보이는 한편 음식문화의 교류가 다양하게 증대되고 있는 편이다.

최근 김치, 고추장, 김, 라면 등의 일본수출량이 한류열풍을 타고 부쩍 늘기도 했다.

이런 현실 등을 감안할 때 한국 음식문화의 성격을 좀 더 분명히 규정해 보기 위해서 먼저 중국과의 관계를 살펴보는 것은 매우 의미 있는 작업이 될 것이다. 다만 음식 및 식사법 등에서 종류가 다양하고 범주가 일정하지 않으며 지역에 따라 차이가 있을 것이므로 이 책에서는 가능한 한 표준적인 관점에서 이야기하고자 한다. 지정학적으로 가까운 한국과 중국은 오랫동안 고유한 전통을 보유하면서 활발하게 문화적으로 교류해 왔다. 음식문화에 있어서도 마찬가지로 양국은 상호 유사한 성격을 보이면서 동시에 나름의 독특한 음식문화를 유지 발전시켜 왔다.

이 책에서는 양국 음식문화의 특성을 민족문화유산으로서 서민들이 일상생활에서 얻은 경험이나 의식을 잘 담고 있는 '속담'을 통해 분석해 보고자 한다. 다만 융합[1] 방식에 따라

---

1 융합(融合)의 사전적 의미는 '다른 종류의 것이 녹아서 서로 구별이 없게 하나로 합해지거나 그렇게 만듦 또는 그런 일(국립국어원, 『표준국어대사전』)'이며, 이는 이분법적 사고로서 선택을 강요하는 서구형의 정신과 달리 균형적 사고로서 전체를 아우르고자 하는 동양형의 정신에 가깝다 할 수 있다. 특히 필자는 한국 문화의 중요한 특징의 하나를 융합으로 이해하고 있다. 한국은 융합에 유독 강한 전통을 갖고 있는바, 밥에 여러 반찬을 넣고 고추장과 기름을 첨가해

음식(사물)은 객체이고 인간은 주체임을 고려하여 주체와 주체, 주체와 객체, 객체와 객체로 분류하여 논의해 볼 수 있다. 첫째, 인간과 인간의 융합으로, 무엇보다 음식에 의해 사람과 사람 사이가 화목해진다는 점은 중요하다. 둘째, 인간과 사물의 융합으로, 인간이 음식 또는 재료로서의 사물과 어떻게 만나게 되는가도 소중하다. 셋째, 사물과 사물 간의 융합으로, 모든 음식을 이루는 재료, 식도구 등의 결합방식은 음식문화를 이해하는 데 중요하다.

먼저 한국과 중국의 음식문화에 나타나는 주요 공통점을 살펴보면, 인간과 인간의 융합으로서 음식을 통해 자타가 소통하고 배려하는 점을 간파할 수 있다. 둘째는 인간과 사물의 융합으로서 사람이 음식을 보약처럼 중시하는 점을 들 수 있다. 셋째는 사물과 사물의 융합으로서 특히 주식과 부식의 조화를 들 수 있으며 나아가 주식 위주의 식사 문화를 지적할 수 있다.

동일한 유교 문화권 속에서 양국의 음식문화는 차이점보다 공통점을 더 많이 보이고 있다. 그리고 차이점도 완전한 차이가 아니라 상대적일 뿐이다. 하지만 음식에 대한 가치관,

버무려 먹는 비빔밥은 물론 국에 밥을 말아 먹는 국밥을 예로 들 수 있다.

입맛, 식습관 등에서 나타나는 미묘한 차이는 문화 전반의 상징적인 특성이 될 수 있다는 점에서 의의가 크다고 할 수 있다.

한국에서는 오늘에 이르기까지 과할 정도로 인정을 중시하면서도 엄격하고 올바른 식사예절이 많이 유지(인간+인간)되고 있으며, 또한 자연에서 자란 채소와 식물 자체를 그대로 섭취하는 등 생식을 매우 좋아하는 식습관(인간+사물)이 있고, 국물과 건더기의 조화는 물론 숟가락과 젓가락의 조화에 나타나는 국물과 숟가락의 중시 현상(사물+사물)이 뚜렷하다.

반면에 중국의 음식문화에서는 장수와 건강 등 실리와 현실을 중시하는 식습관(인간+인간)이 강하며, 차갑거나 날것을 꺼려 불에 익혀 먹는 숙식 문화(인간+사물)가 발달했고, 맛과 향을 극대화시키기 위한 칼솜씨를 비롯하여 조리기술을 중시하는(사물+사물) 경향이 강한 특징을 보인다.

이 글의 토대가 되는 자료 중 한국 음식속담은 주로 송재선의 『음식속담사전』(동문선, 1998)에 실린 것을 기초로 하였으며 최래옥의 『한국민간속신어사전』(집문당, 1995)을 참고했다. 중국 자료로는 주로 왕쉬첸(王緒前)이 지은 『飮食諺語集成』(湖北科學技術出版社, 2008)을 이용했으며 원돤정(溫端政)의 『中國俗語大辭典』(上海辭書出版社, 2011)과 쉬쭝차이(徐宗才)·잉쥔링(應俊玲)의 『俗語辭典』(商務印書館, 2004)을 참고하였다. 비교적 현재까지도 쉬이 사라지지 않고 있는 한국과 중국의 전통적인 음식문화 현상을 이야기의 대상으로 삼고자 했다.

이 책의 출간을 위해 애쓰신 세창미디어의 여러분들께 감사를 드린다.

2020년 늦가을

이화형

차례

머리말 _4

1장   한·중의 음식문화

     1. 인간적 소통이 중요하다 _15
     2. 음식은 약과 근원이 같다 _25
     3. 주식과 부식이 조화롭다 _35

2장   한국의 음식문화

     1. 인정과 예절이 관건이다 _47
     2. 자연식(생식)이 기본이다 _74
     3. 국물과 숟가락이 핵심이다 _92

3장   중국의 음식문화

     1. 건강과 실리가 먼저다 _109
     2. 화식(숙식)이 필수다 _136
     3. 맛과 향이 제일이다 _144

참고문헌 _153

I

1장

한·중의 음식문화

한·중의 음식풍습에는 유교의 영향 아래 인간을 중시하는 경향이 짙어져 그릇에 남겨진 음식점을 서로가 가볍게 가져지지 못할 만큼 양상의 대방에 대한 배려를 소홀히 하지 않았다. 양국의 한에 대한 음식이 약이 된다는 약식동원을 사이깃들어 있으며, 이와 관련하여 건강을 위한 계절음식이나 특별히 강조되었다. 한·중에는 주식인 밥이나 면과 함께 여러 반찬을 부식으로 삼는 식습관이 있는 바 양국 음식문화의 공통점의 하나로 주식과 부식의 조화로움을 들 수 있다.

1. 인간적 소통이 중요하다

한국의 음식문화에서는 음식 자체보다 인간관계가 중요시된다. MBC TV 드라마 〈대장금〉(연출 이병훈, 2003)의 음식 자문을 맡았던 한복려(1947~) 궁중음식연구원장은 "요리란 사람과 사람을 이어 주는 끈"이라며 "만드는 사람과 먹는 사람의 교감이 있어야 제대로 된 요리"(『조선일보』, 2007.11.10)라고 설명한 바 있다. 전통적으로 김장철에는 친척과 이웃들이 서로 돕는 '김치 품앗이'가 있었다. 일의 품삯 대신 김치를 받아 가는 '김치 돌림'은 인간의 정을 나누고 연대감을 높일 수 있는 동력이 되었다. 마침내 2013년, 우리의 김장 문화는 유네스코 세계 인류무형유산 목록에 올랐다.

조선 후기 실학자 이덕무(1741~1793)는 "주인은 육식을 하고 손님에게는 채식을 대접하는 것은 아름다운 일이 아니다"라고 하면서 "굶주린 사람을 보고 밥을 먹을 때는 음식의 간이 맞지 않음을 탓해서는 안 된다"(『사소절』)고 하였다. 19세기 조선에서 활동했던 프랑스 선교사 다블뤼(Antoine Daveluy, 1818~1866)는 "조선 사람은 식사 때 먹을 것을 달라면 거절하지 않을 뿐만 아니라 새로 밥을 하기도 한다"며 조선인의 공동체 정신에 감탄했다고 한다.

중국인들도 함께 식탁에 빙 둘러앉아 즐겁게 식사하는 습관을 지니고 있는데 이는 허시에(和諧), 즉 화합을 중히 여기는 중국의 전통문화와 밀접하다. 서양의 기독교 문화가 선택과 정복(집중)이었다면 중국으로 대표되는 동양 문화는 조화와 융합이라 할 수 있을 것이다. "酒逢知己千杯少 話不投機半句多(술은 자기를 알아주는 사람을 만나면 천 잔으로도 모자라고, 말은 마음이 맞지 않으면 반 마디도 많다)"라는 속담이 있는 것처럼 중국인들의 식사 역시 사람과 사람 사이의 이해와 소통을 증진시키는 대단히 중요한 수단이다.

중국의 속담 중에는 "獨食難肥(혼자 먹으면 살이 찌기 어렵다)"라는 것도 있다. 사실 여부를 떠나 인간의 정서적 교류를 부각시키고 있음이 분명하다. 또 속담 가운데 "酒香十里 花香百

里 人香千里(술 향기는 십 리를 가고 꽃향기는 백 리를 가지만 인간의 우정과 향기는 영원하다)"라는 것도 있다. 이 속담은 우리가 살아가는데 음식도 기본적으로 중요함을 제시하면서 그와 더불어 사람들과의 관계가 더욱더 소중함을 강조하는 중국의 정신문화를 잘 보여 주는 구절이라고 할 수 있다.

이와 같이 한국과 중국의 음식풍습에는 유교 문화의 영향 아래 매우 인간을 중시한다는 공통점이 있다. 음식은 인간의 마음을 잇는 가교역할을 하게 되며, 그로 인해 파생되는 즐거움은 음식의 맛을 더하고 소화를 돕는 효과를 낸다. 물론 어느 나라에서든 사람들은 식사를 하면서 인간적인 교류를 할 것이다. 하지만 양국의 속담을 통해서 이러한 점을 좀 더 분명하게 확인할 수 있다.

한국 : ① 음식은 함께 먹고 잠은 따로 자랬다.

② 맛없는 음식은 여러 사람이 먹어야 한다.

③ 닭 잡아먹고 이웃 인심 잃고, 개 잡아먹고 동네
인심 잃는다.

중국 : ① 一個鍋裡喫飯 不分彼此.
한솥밥을 먹으면 너나가 없다.

② 人多喫 飯香. / 人多吃 飯更香.

　여럿이 먹어야 밥맛이 좋다. / 사람이 많으면

　음식이 더욱 맛있게 느껴진다.

③ 薄酒勝茶湯 丑妻惡妻勝空房.

　값싼 술이라도 한 잔의 차보다 낫고, 못생기고

　악한 아내라도 빈방보다 낫다.

　위 속담들은 음식에 의해 사람 사이의 이해와 이웃 간의 소통이 증진될 수 있고 또한 그렇게 되어야 함을 말해 주고 있다. 특히 한국과 중국의 두 번째 속담에서와 같이 맛없는 음식도 여러 사람이 함께 먹으면 맛있게 먹을 수 있다는 것이 음식 문화를 통해 확인할 수 있는 인간의 고귀한 정신이다. "열이 한 술씩 모은 밥이 한 그릇 푼푼하다"(한국)라든가, "同吃一鍋飯 齊心協力(한솥밥을 같이 먹고 힘을 합쳐 같은 방향으로 나아간다)"(중국)이라는 속담도 있는데, 역시 사적 욕심을 버리고 상호 배려함으로써 얻는 윤리적·감성적 교감의 의의를 부각시키는 예이다. 한·중의 셋째 속담을 통해서도 새삼 인간관계의 소중함을 느낄 수 있다.

　혈연 중심의 가족을 식구라고도 하는데, 식구란 한집에 살면서 끼니를 같이하는 사람들이다. 음식은 이처럼 한 가족 나아가 한 이웃이 되게 한다. 우리는 함께 식사하면서 집단 내에서 짙은 연대감을 느끼게 되었다. 관계를 중시하는 동양인들은 소통에 관심을 가지며, 특히 한국과 중국에서의 인간적 관계와 소통은 각별한 의미를 지닌다. 개인의 이익에 앞서 항상 상대를 존중하고 배려하고자 했던 우리는 무엇보다 음식을

송 휘종, 《문회도》

통하여 인간의 독실한 화합과 평안을 느낄 수 있었다.

음식의 문화적 의미 중에서 인간관계를 돈독하게 하는 정서적 교류의 기능은 매우 중요하다. 사람들이 같이 식사를 하면서 가까워질 수 있다는 측면에서 남을 접대하거나 함께 식사할 때는 음식을 정성스럽게 장만하고 상대가 좋아할 만한 음식을 앞에 놔주는 배려가 요구된다. 성의껏 준비한 음식을 매개로 서로 편안하고 즐겁게 정을 나눌 때 그 관계는 더욱 긴밀해진다. 한국인들은 함께 식탁에 앉아 자기의 밥과 국을 제외

하고 찌개, 반찬 등을 사이좋게 나눠 먹는데, 중국인들도 마찬가지로 한 식탁에 둘러앉아서 큰 접시에 나온 음식을 나눠 먹으며 정을 주고받게 된다. 우리가 마시는 술과 관련하여 인간적 유대감은 좀 더 명확하게 드러난다.

　　손님이 오면 정성껏 많이 차려 놓고도 "부족하지만 많이 드십시오"(한국), "不够 請您多吃點兒"(중국)이라고 권한다. 이처럼 정성과 겸손으로 남을 정중하게 대접하는 게 한·중의 풍습이다. 굶주리는 사람들이 있으면 국가가 나서서 구제·부양하고자 애썼던 것도 예외가 아니다. 색다른 음식이 있을 때는 아무리 적어도 남녀노소에 상관없이 고루 나눠 먹어야 한다고 생각했다. "먹는 데 귀천이 없다"(한국), "吃無貴賤"(중국)이라는 속담과도 같이 양국 음식문화의 특징으로 음식 공유와 함께 계층 간의 소통·교류가 활발했음을 역사를 통해 확인할 수 있다. 양국이 동일하게 세시 및 일생 의례 전반에서 음식 공유 현상이 뚜렷할 뿐만 아니라 일상 속에서도 음식을 나눠 먹는 것이 습관이었다. 서민들이 상용하던 음식이 상류계층의 음식으로 확장되는가 하면, 반대로 궁중이나 사대부 계층의 음식이 아랫사람들에게 전해지던 풍습도 있었다. 이와 같이 상하층의 식생활의 교류가 지속되었다고 볼 수 있다.

　　식사 활동이 인간의 소통을 긴밀하게 하는 긍정적 효과

가 큰 만큼 한편으로 음식으로 인해 인간의 마음이 상하게 되는 부정적 결과에도 주목할 만하다. 음식문화의 역사를 살펴보면 양국에서는 혼자 식사하는 것을 좋아하지 않으며, 함께 식사를 하는 사람들과 공동체적 유대감을 강하게 느꼈다. 한국인은 그릇에 남아 있는 음식 한 점을 서로가 쉽게 가져가지 못할 만큼 집단의식을 함부로 깨지 못했다. 중국에서도 이러한 행동을 볼 수 있는데, 이는 상대방에 대한 배려와 식사예절 때문이다. 식사 중에 멀리 떨어진 음식을 먹겠다고 일어서거나 접시를 가져오면 결례인 것도 '나 혼자 먹겠다'는 소리가 되기 때문이다.

별다른 음식이라도 생기면 이웃끼리 나누어 먹는 것이 동양의 정신이요, 오랜 습관이다. 손님 접대하기에 지쳐 꾀를 부렸던 며느리가 스님이 시킨 대로 했다가 집마저 없어져 버렸다는 한국의 〈거문바위전설〉은 남에게 베푸는 것이 우리의 생활이요, 윤리였음을 단적으로 시사한다. 옛날 장자 고을은 천석꾼이 살던 곳인데, 매일 손님이 10여 명 이상이 되니 이 집며느리의 손에는 물이 마를 날이 없었다. 하루는 어떤 스님이 대문 밖에서 시주하라고 염불하는 것을 보고, 며느리가 "내 손에 물 좀 마르게 해 주면 시주를 많이 하겠다"고 했다. 스님은 살강 밑에 구멍이 하나 있을 텐데 가락고를 가지고 툭 찌르면 손님이 저절로 마를 것이라 가르쳤다. 스님이 돌아가자마자 시킨 대로 했더니 갑자기 구름이 일고 뇌성벽력이 치며 억수 같은 비가 퍼붓더니 장자의 집도 없어져 버렸다고 한다.

　　　　중국인들도 지금까지 일반적으로 손님을 매우 따뜻한 마음으로 대한다. "好客(손님 접대를 좋아하다)"이라는 말처럼 그들은 손님을 자신의 집으로 초대해서 정성스럽게 식사를 대접하는 것을 큰 미덕으로 삼고 있다. 중국인이 손님을 접대할 때 지키는 기본적인 예의와 금기 사항이 많은 것도 성의를 다해 손님을 배려하고자 하는 데 따른 것이다. 자리를 앉을 때도 집에서는 손님이 안쪽에 앉고 주인이 입구에 앉으며, 밖에서도 비슷하지만 때로는 주인과 손님이 옆에 나란히 앉는 경우도 있는데, 이 모든 것이 손님을 대우해 주고자 하는 의도에서 나오는 것이다. 요리가 나오면 손님이 먼저 맛을 보도록 손님 앞에 놓으며, 손님의 접시에 요리를 떠 주기까지도 한다. 생선요리는 생선 대가리가 앉아 있는 사람 중에서 가장 신분이 높은 손님에게 향하도록 놓는다. 차나 술도 손님부터 시작하여 따라 마심으로써 손님을 배려하는 마음을 잃지 않는다.

　　한국 : ① 반 잔 술에 눈물 나고 한 잔 술에 웃음 난다.

　　　　② 어쭙잖은 호박 나물에 심정이 상한다.

　　　　③ 내 배가 부르면 종 배고픈지 모른다.

중국 : ① 感情深 一口悶.

　　　　정이 깊으면 한입에 들이킨다.

　　② 鵝食盆不許鴨揷嘴.

　　　　거위가 큰 그릇의 밥을 먹는데 오리가 입도 대

　　　　지 못하게 한다.

　　③ 有飯大家吃 無飯大家餓.

　　　　밥이 있으면 다 같이 먹고 밥이 없으면 다 같

　　　　이 굶는다.

　　한·중의 첫 번째 속담에서 보듯이 술은 사람과 사람이 만나고 교류하는 데 필요한 매개체다. 어느 사회에서든 술자리는 온정을 나누는 공간이다. 만일 관계가 소원했다면 술자리가 더욱 필요하다. 한국에 "술은 주고받는 맛으로 먹는다"는 속담도 있다. 우리는 술을 마시면서 금방 서로의 입장을 새로이 이해하게 된다. 중국에서도 술을 권하는 것은 상대방에 대한 예의라고 생각한다. 따라서 상대방이 술을 많이 마시도록 주인은 성의를 다하게 되고, 접대를 받는 처지에서도 주인의 배려에 대한 감사의 표시로 술을 마시지 않으면 안 된다.

　　한국의 두 번째 속담에서와 같이 하찮은 음식이라도 차별을 두면 서운한 게 인지상정이다. 그리고 중국의 두 번째 속담을 보면 혼자서 먹고자 하는 욕심을 질책하려는 의도가 분명하다. 먹을 것이 있을 때 고르게 나누고자 하는 것은 관계를 중시하는 인간들로서는 당연하다.

한국의 세 번째 속담처럼 자신이 배부르다 하여 없는 사람의 사정을 몰라줘서는 안 된다. 또 "먹다 남은 술에 식은 안주다"라는 속담같이 먹다 남은 주안상으로 인색하게 사람을 푸대접해서도 안 되는 것이 아름다운 풍속이었다. 중국의 세 번째 속담도 공동체 정신을 고취하며 인간의 추한 욕심을 경계하고 있다. "吃大豆一人一顆 喝涼水不分你我(콩을 먹을 때에는 한 사람당 하나씩 먹으며, 찬물을 마실 때에는 너와 나를 구분하지 않는다)"라는 중국 속담도 있다. 콩은 기쁨을, 찬물은 고통을 의미한다. 이 속담을 보더라도 기쁨(콩)과 고통(찬물)을 함께하겠다는 의도를 쉽게 이해할 수 있다.

이상의 속담들이 보여 주듯 한국과 중국에서는 음식을 매개로 사람과 사람의 융합에서 생성되는 사회적 윤리와 인간적 정서의 가치가 충실히 부각되고 있다.

"네가 무엇을 먹는지 말해 주면 나는 네가 누구인지 말해 주겠다"고 하는 서양 속담도 시사하는 바가 크다. 음식을 통해서 인간의 삶을 이해할 수 있을 것이기 때문이다.

2. 음식은 약과 근원이 같다

평소에 음식을 고루 섭취하면 그것이 곧 보약이 된다는 '약식동원(藥食同源)' 사상은 중국에서 생겨 한국에 전해졌다. 다시 말해 주나라 때 이미 식의(食醫)제도가 시행되었고, 당나라 때의 『황제내경(黃帝內經)』 또는 『황제내경태소(黃帝內經太素)』에도 "空腹食之爲食物 患者食之爲藥物(공복에 먹으면 음식이 되고 아플 때 먹으면 약이 된다)"이라고 하는 약식동원 사상이 나온다. 그리고 조선의 이수광(1563~1628)이 조선 최초의 백과사전이라고까지 불리는 『지봉유설』에서, 또는 조재삼(1808~1866)이 사물의 기원을 밝히는 『송남잡지』에서 인용하는 바와 같이 원나라의 농학자이자 의학자인 왕여무(王汝懋, 1308~1369)가 지은 『산거사

요(山居四要)』에는 "藥補不如食補(약으로 보충하는 것은 음식으로 보충하는 것만 못하다)"라는 말이 나온다.

한국의 경우 의학자 허준(1539~1615)은 "병이 난 곳을 알아서 음식으로 치료한 후에도 낫지 않으면 다음에 약으로 구하는 것이다"(『동의보감』, 잡병편)라고 한 바 있다. 그 후 여성 실학자 빙허각 이씨(1759~1824)는 "음식으로 의약을 삼아 나날이 좀 부친 듯하게 먹어야 한다"든가, "좋은 약으로 알아 형상의 괴로운 것도 고치게 하라"(『규합총서』, 권1 주사의)고 했다. 이 밖에 문신 이창정(1573~1625)의 『수양총서유집』 등 한의약에 관련된 여러 문헌들에는 식품에 의하여 건강을 유지시키려는 의도가 농후하게 포함되어 있다.

김치를 먹으면 SARS(중증급성호흡기증후군)에 걸리지 않는다고 해서 동남아시아뿐만 아니라 서구에서 인기를 끈 것도 음식이 곧 약이라는 약식동원 사상과 무관하지 않다. 예로부터 우리는 음식이 식품이면서도 보약이 될 수 있어 건강에 좋고 질병을 예방할 수 있는 것으로 인식해 왔다. 식생활을 통해 무병장수하려고 노력했으므로 보양식이 발달할 수도 있었다. 중국의 경우 음식에는 몸을 잘 조절하고 병을 치유하는 효능이 있다고 굳게 믿기 때문에 식용 가능한 수많은 식물이 그들의 일상음식이 되었음을 더욱 강력하게 주장하는 편이다. 한국의

〈단군신화〉나 중국의 〈신농씨설화〉에 등장하는 식물은 약식
동원 사상을 잘 보여 준다.

한국 : ① 무슨 보니 무슨 보니 해도 식보가 제일이다.

② 밥알 하나가 귀신 열을 쫓는다.

③ 앓으며 먹은 밥은 피로 된다.

중국 : ① 藥補不如食補 食補不如精神補.

보약을 먹는 것은 고른 식사만 못하고, 좋은
식사는 정신을 수양하는 것만 못하다.

② 三分吃藥七分養.

질병 치료의 3할은 약으로 7할은 음식으로 가
능하다.

③ 寓醫于食 凡膳皆藥.

음식은 모든 병을 치료할 수 있으므로 음식은
바로 약이 된다.

양국에서 좋은 음식은 보약과 같은 것으로 인식되어 왔
다. 위 속담에서 알 수 있듯이 평소에 좋은 음식을 균형 있게
섭취하는 것이 건강에 가장 좋다고 여겼다. 무엇보다 자연친화

적인 식생활은 약식동원 사상과 무관하지 않다. 한여름에 원기를 보충하기 위해 먹는 한국의 개장국이나 삼계탕, 또한 중국의 불도장,[2] 녹두탕, 샥스핀 등은 에너지를 공급하는 영양소가 많이 함축된 대표적인 약식동원 음식이라 할 수 있다.

　　병이 들었을 때 굿을 하는 것보다 음식을 잘 먹는 것이 낫다는 뜻을 지닌 한국의 두 번째 속담과 같이 밥만 잘 먹으면 병도 고칠 수 있다. "燈靠油 人靠飯(등불은 기름에 의지하고 사람은 밥에 의지한다)"이라는 속담처럼 중국에서도 밥은 건강에 좋은 보약이라 할 수 있는데 쌀을 주식으로 하는 경우 각종 질병을 예방할 수 있었다. 쌀은 대장에서의 발효과정에서 낙산(酪酸)이 생기나 대장암의 발생을 억제시키고, 혈중 콜레스테롤을 낮추어 줄 뿐만 아니라 섬유질 성분이 있어 구리·아연·철 성분 등과 결합하여 우리 몸에 해로운 중금속이 인체에 흡수되는 것을 막아 준다. 또 수분 유지력이 커서 변비를 막아 주고 인슐린 분비는 적게 하여 비만, 고혈압, 동맥경화 등 성인병을 예방하는 데 도움을 줄 수 있다. 한·중의 세 번째 속담에서도 아플 때 먹는 밥이나 음식은 건강을 회복시키는 힘이 있음을 주장한다.

2　불도장(佛跳牆)은 '스님이 담장을 넘는다'는 뜻을 지닌 음식인데, 중국 남동부 푸젠성(福建省)의 성도인 푸저우(福州) 지역의 최고급 요리로서 현재는 중국을 대표하는 보양음식으로 널리 알려져 있다.

이처럼 밥(음식)은 병에 걸린 환자마저 혈기왕성한 사람으로 바꿔 놓을 수 있다.

1960년대 이후 밀가루 음식이 크게 보급되고 오늘날 잡곡밥의 가치가 부각되면서 이제 한국의 쌀밥 문화는 일대 전환기를 맞고 있다. 그러나 쌀밥이 잡곡밥으로 바뀌면서도 여전히 밥은 보약이 된다고 할 수 있다. 예컨대 쌀에 여러 곡식을 혼합하면 쌀에 부족한 아미노산이 보완되는 장점이 있다. 한국에서 불리고 있는 약주(藥酒), 약식(藥食), 약밥(藥飯), 약과(藥果), 약념(藥念), 약초(藥草) 등의 음식명도 약식동원의 정신에서 나온 것이라 하겠다. 심지어 구기자, 도라지, 생강, 쑥, 유자, 율무 등 약재가 음식에 들어가 쓰이기도 했다.

"술은 잘 먹으면 약이다"라는 속담처럼 술은 알맞게 마시면 혈액순환을 촉진시키는 등 건강에 도움을 주었으므로 '약주(藥酒)'라고도 불렸다. 특히 곡물을 발효시켜서 만든 청주는 조선 선조 때부터 약주라고 불렸는데, 가양주(집에서 빚은 술)가 대부분 청주에 속했으며 이 술은 제사 및 각종 요리에 조미용으로 쓰였다. 정월 대보름의 시절 음식으로 약식(藥食)을 빼놓을 수 없다. 약식은 찹쌀을 쪄서 밥을 짓고, 밤·대추·꿀·참기름 등을 넣어 다시 찐 다음 또다시 잣과 호두 열매를 넣어 만든다. 그 맛이 매우 좋고 영양가가 풍부하다 하여 이를 '약밥(藥

飯)'이라 하는 것이다. 한국의 한과류인 유밀과는 의례 음식의 으뜸이다. 유밀과는 기름에 지져 꿀을 흠뻑 묻힌 것으로 보통 '약과(藥果)'라 부른다. 수없이 식용금지령이 내릴 정도로 너무나 고급스러운 기호품이었으며 중국으로 전래되기도 했다. 맛을 내고 영양을 보충해 주는 양념을 몸에 이로운 '약을 다루는 마음으로 취급해야 한다'는 뜻의 '약념(藥念)'이라 하는 것도 약식동원 관념의 소산이다. 양념은 식욕을 촉진시켜 주는 한편, 살균·살충의 효과와 더불어 저항력을 길러 주는 역할도 한다.

중국의 경우, 위 속담뿐만 아니라 "好酒除百病(좋은 술은 온갖 병을 없애 준다)" 등 여러 속담을 통해서도 음식이 보약임을 잘 드러냈다. 후한 이후 삼국시대에 나왔다는 중국 최초의 약물학 전문서라는 『신농본초경(新農本草經)』은 약물을 상·중·하의 세 가지 식품으로 나누었다. 그 후 『황제내경』을 대표로 중의약학의 기반을 닦으며 이론적 체계를 잡아 가는 가운데 인간은 자연의 일부로서 인체의 각 부위와 사계절, 사방위는 음양이 서로 배합되고 오행상극 운동 변화의 특징이 있다고 생각했다. 앞에서 언급했듯이 중국은 영양가 있는 음식을 보약으로 여기며 꾸준히 음식을 소중하게 다뤄 왔다. 이를테면 당나라 의사이자 시인인 진장기(陳莊器, 687~757)는 "諸藥各病之藥, 茶萬病之藥(모든 약은 각 병의 약이지만, 차는 만병의 약이다)"(『본초습유』)이라고 한 바 있다. 송나라의 저명한 시인 소동파(1037~1101)도 차를 마시는 것은 약을 먹는 것보다 몸에 더 이롭다고 했다. 중국은 200여 종이 넘는 명차 가운데 푸얼차(普洱茶)를 매우 귀하게 여기는데 윈난성(雲南省) 일대에서 나는 것이 특히 유명한 이 푸얼차는 육류 섭취 후에 소화를 잘 시켜 주며 피부미용에도 좋고 몸 안의 기운을 돌려 주는 효과가 있어 다이어트 차로 요즘 인기가 매우 높다. 또한 푸젠성(福建省)의 다포롱징(大佛龍井)은 미용과 보건에 좋기로 이름이 있고, 안후이성(安徽省)의 치마오홍차(齊毛紅茶)는 최고의 홍차로서 중풍을 예방한다고 알려졌다.

한국 : ① 감기는 밥상머리에 내려앉는다.

② 봄 떡은 버짐에도 약이다. / 봄 떡은 산삼 먹은 폭이나 된다.

③ 여름 보양식 알고 먹으면 보약보다 낫다.

중국 : ① 赤豆稀粥勝藥劑. / 米湯稀粥 止瀉良藥.

팥죽은 약보다 낫다. / 흰죽은 설사를 멈추게 하는 약이다.

② 白菜蘿卜湯 益壽保健康.

배춧국과 뭇국은 장수에 도움을 주고 건강을

유지시켜 준다.

③ 十月羊肉賽人蔘.

10월의 양고기는 인삼을 이긴다.

　　일찍이 어떤 음식이 인간의 몸에 좋고 나쁜지에 대한 기록이 많았으며 속담에서도 이 같은 현상을 잘 반영하고 있다. "밥 잘 먹어야 건강하다"는 속담을 비롯하여 누구나 식사를 잘하면 건강에 도움이 되겠지만 특히 한국의 첫 속담과 같이 감기가 들어도 잘 먹으면 낫는다고 할 수 있다. 또 이어지는 한국의 두 속담에서와 같이 계절에 맞게 음식을 먹으면 건강이 좋아진다. 더구나 여름철의 무더운 날씨에는 기력이 약해지기 쉬운 까닭에 누구나 일부러 보양식을 찾게 되며, 특히 삼복이 되면 지금까지도 보신탕, 삼계탕, 추어탕 등으로 건강을 지켜 오고 있다. 단백질, 미네랄, 비타민 같은 영양소 섭취가 부족했던 옛날에는 여름 보양식이 더욱 건강에 도움이 되었다.

　　중국의 속담에서 알 수 있듯이 중국의 음식문화에서는 죽을 약처럼 생각했으며, 오늘날까지도 오랜 역사를 지닌 죽을 건강식품으로 여긴다. "只將食粥致神仙(죽을 먹으면 신선과 같이 오래 산다)"이라고 하는 속담도 있다. 죽을 먹으면 장수할 수 있다는 중국인들의 믿음 속에서 송나라의 시인 육유(1125~1210)는 만

년에 죽에 대해 깊은 관심을 갖고 「식죽(食粥)」이란 시를 지었다. 그 시에서 육유는 "世人箇箇學長年 不悟長年在目前 我得宛丘平易法 只將食粥致神仙(세상 사람들이 모두 장수하기를 원하나 / 아무도 장수의 비결이 바로 눈앞에 있다는 것을 깨닫지 못하네 / 나한테 신선처럼 되는 쉬운 방법이 하나 있으니 / 그것은 오직 죽을 끓여서 먹는 것이라네)"이라고 읊었다. 세 번째 속담은 양고기가 몸 보양에 좋은 음식으로 특히 가을, 겨울철에 먹으면 몸에 좋다는 것이다. 양의 체형은 비교적 작기 때문에 양고기는 소고기나 돼지고기에 비해 비싼데, 한국과 달리 중국에는 양고기에 관련된 속담이 돼지고기 다음으로 많다.

음식이 약이 된다는 일반적인 이야기와 계절 음식이나 죽 등을 언급한 구체적인 속담에서 살펴본 바와 같이 한·중 음식문화의 주요 특징 중의 하나에는 약식동원 사상이 깃들어 있다는 점이다. 약식동원에 관한 속담은 음식을 통해 인간의 건강이 확보되는, 이른바 인간과 사물의 융합 관계를 잘 보여 주고 있음을 새삼 확인하게 되었다.

서양에서 보기 힘든 이 약식동원 사상은 한·중 간에 별 차이가 없다. 다만 한국인들은 건강을 위해 좀 더 자연친화적인 식생활을 했다면, 중국인들은 건강을 염두에 두고 음식을 익혀 먹는 데 보다 더 신경을 많이 써 왔다고 할 수 있다. 서양

음식이 보통 몸에 필요한 에너지를 섭취하기 위하여 만들어진 데 비해, 한국 음식은 몸의 건강과 소화에 초점을 두고 만들어졌다고 한다. 쌀, 콩 등 곡류로 단백질을 공급받고 채소, 나물 반찬 등으로 무기질과 비타민을 제공받는 것도 이와 무관하지 않다. 한편 중국 음식문화가 표방하는 요리에 대한 품평 기준은 향, 맛, 색, 형태, 영양, 의미의 '香味色形養意'라는 여섯 글자로 압축된다고 말하는 것으로 보아도 한국이 영양에 좀 더 관심을 기울였음을 알 수 있다.

3. 주식과 부식이 조화롭다

　　　사물과 사물의 융합에 관한 것으로서 한국과 중국이 모두 주식인 밥이나 면과 함께 여러 가지 반찬을 부식으로 식사하는 습관이 있음은 소홀히 볼 수 없다. 특히 주식이나 부식 자체도 그 안에서 사물과 사물의 융합이 이루어진 것이라 할 수 있다.

　　　다음은 한·중 음식문화에 있어 사물과 사물의 융합 방식으로서 먼저 주식과 부식이 인간에게 모두 균형 있게 필요하다는 의미를 입증하는 속담들을 살펴보기로 한다.

한국 : ① 개는 맨밥을 먹어도 사람은 맨밥을 못 먹는다.

② 반찬은 밥도둑이다.

③ 반찬이 없으면 소금밥 먹는다.

중국 : ① 主副食 重營養.

주식과 부식이 잘 어울리면 영양이 균형을 이

룬다.

② 若要身體康 飯菜嚼成漿.

만약 건강한 몸을 원한다면 밥과 반찬이 죽이

될 때까지 씹어라.

③ 看菜吃飯 量體裁衣.

반찬을 보고 밥을 먹으며, 체형을 재고 옷을

맞춰야 한다.

　　한국의 식문화에는 주식과 부식의 구분이 뚜렷하다. 부
족국가 시대에 이미 곡류를 주식으로 하고 어패류를 부식으로
하는, 주·부식 분리의 조건이 모두 갖추어졌다. 첫 속담을 통
해서도 한국의 식문화는 주식과 부식으로 나뉘는 밥과 반찬을
함께 섭취해야 하는 것임을 알 수 있다. 반찬이 좋으면 밥을 많
이 먹게 된다는 뜻의 두 번째 속담이 나온 것도 주식과 부식의
공존과 조화가 이상적임을 부각시키는 사고의 소산이다. 요즘

은 식문화가 코스식 트렌드를 보이기도 하나, 원칙적으로 준비된 음식을 한꺼번에 모두 차려 놓고 먹는 공간전개형의 상차림에서도 우리의 융합적 미의식을 엿볼 수 있다. 특히 주식 위주의 식사 관습에는 변함이 없어 주식과 부식을 떼어 놓고 생각할 수 없으며, 우리는 밥을 입에 넣고 씹으면서 동시에 반찬을 입에 넣어 입속에서 이들을 서로 뒤섞기까지 한다. 세 번째 속담은 극빈하면 반찬 없이 소금밥을 먹을 수밖에 없다는 뜻인데, 이와 함께 "기갈이 반찬이다"라는 속담의 존재까지 감안해 보면, 굶주렸을 때는 반찬이 좋건 나쁘건 상관없이 밥을 맛있게 먹을 수 있다고 말하는 것은 자연스러운 일이다. 우리의 음식문화에서 밥과 반찬의 조화로운 섭취의 필요성을 새삼 느끼게 한다.

중국도 한국과 마찬가지로 주식과 부식(요리)의 균형과 조화의 가치를 드러내고 있다. 특히 세 번째 속담은 욕심을 과하게 부리지 말고 본인의 형편에 맞게 적절히 행동해야 함을 비유적으로 표현하였다. 다만 한·중의 입장이 공존과 조화를 중시하는 측면에서는 같으나 주식과 부식을 동시에 취하는 한국의 식습관과 달리, 중국식 식사는 먼저 부식에 해당하는 요리로 배를 채우고 뒤이어 주식을 먹는 편이다. 다시 말해 한국에서는 밥이 주식일 뿐만 아니라 반드시 반찬(부식)이 동시에 제공되는 식단이지만 중국인들에게는 꼭 그렇지만은 않다. 즉 주식과 부식의 융합을 더욱 촉발시키는 우리의 공간전개형 상차림과 달리 중국의 경우 주식인 판(飯)과 부식인 차이(菜)의 관계가 독립적이라 할 수 있다. 중국의 경우 요리(부식)가 먼저 나오고 주식이 뒤에 나올 뿐만 아니라 중국인들에겐 요리만으로도 충분히 한 끼 식사가 될 수도 있다. 요컨대 주식과 부식이 주종의 불가분의 관계를 이루는 한국과 달리 중국에서는 요리만으로도 식사를 끝낼 수 있다는 점에서 주·부식의 독자성을 배제할 수 없다.

물론 중국에서도 가정식 식사의 경우는 주식과 요리(부식)를 함께 먹는 경우가 많다. 특히 북방에서는 요리와 면, 남방에서는 요리와 밥을 같이 먹는 편이다. 주식으로 남방 사람들은 미판(米飯, 쌀밥), 니앤까오(粘糕, 떡) 등과 같이 주로 쌀로 만든 음식을 즐겨 먹고, 북방 사람들은 만터우(饅頭, 소가 들어 있지 않은 찐빵), 바오쯔(包子, 소가 든 찐빵), 화주엔(花卷, 둘둘 만 찐빵), 자오쯔(餃子, 저민 고기나 채소 따위로 소를 넣은 만두), 미엔티아오(麵條, 국수), 라오빙(烙餅, 밀전병) 등과 같은 밀가루 음식을 주로 먹는다.

이처럼 서양의 음식문화는 대부분 독립적이어서 한 가지 요리로 식사가 가능하지만 한국과 중국의 음식문화는 상호보완적이어서 밥이 있어도 반찬이 있어야 온전한 식사가 가능하다. 영양의 균형에서뿐만 아니라 맛에 있어서도 주식과 부식의 융합이 이루어진다. 즉 담백한 맛의 쌀밥 위주의 식생활에서 강한 맛의 부식이 요구되는 것은 자연스럽다. 고춧가루·마늘·파 등의 자극적 양념이 음식마다 거의 쓰이고 있는 것도 맛의 융합과 조화를 돕는다.

한편 다음과 같은 속담은 한·중의 음식문화가 주식과 부식의 조화를 전제로 하면서도 원칙적으로 주식 위주였음을 잘 보여 준다. 특히 한국의 음식문화는 지금까지도 뚜렷하게 주식과 부식의 융합에서 나아가 주식 위주 현상을 보이고 있다.

한국 : ① 밥 없는 상이다.

② 삼(三) 장만 있으면 밥은 먹는다.

③ 보채는 아이 밥 한술 더 준다.

중국 : ① 莫讓主食成副食.

주식을 부식으로 하지 말라.

② 人是鐵 飯是鋼 一頓不吃餓得慌.

사람이 쇠라면 밥은 강철이다. 한 끼라도 먹지

못하면 배가 고파 견디지 못한다.

③ 有米不愁沒飯吃.

쌀이 있다면 밥 못 먹을 걱정은 안 한다.

한국의 첫 번째 속담은 반드시 있어야 할 가장 중요한 것이 없다는 뜻으로 밥이 주식임을 강조한 것이다. 두 번째 속담도 3가지 장류인 된장, 간장, 고추장만 있으면 밥은 먹을 수 있다며 간접적으로 주식의 가치를 제고했다. 밥으로 대표되는 주식의 중요성을 역설하는 속담들이다. "입맛이 없으면 밥맛으로 먹는다"는 속담도 있듯이 식욕이 없어도 식사는 해야 하며, 또한 밥 자체로도 우리는 맛을 느낄 수 있다.

우리 식생활에 가장 기초가 되는 밥이 문헌에 처음 보이는 것은 삼국시대이다. 귀한 손님이 오면 밥을 사발에 넘치도록 수북하게 담아 주는 것이 상례였다. 우리는 고기나 과일을 많이 먹어도 밥을 먹지 않으면 허전해하는 민족이다. 취업하는 것을 '밥벌이 한다'고 말했고, 일자리를 '밥줄'이나 '밥통'으로 비유하였다. 밥은 곧 생명으로 인식되었으므로 사람이 죽었다는 뜻으로 '밥숟가락 놓았다'라는 표현을 쓰기도 했다. 밥 먹는 것밖에 모를 때는 '밥부대', '밥벌레'라 표현하였다. 김치 등 반찬을 좀 짜게 먹었던 것도 탄수화물 덩어리인 밥을 많이 먹어야 했기 때문이다. 인도에서 동남아시아를 지나 중국 남쪽의 타이완과 일본에 이르는 해양 교류선을 따라 발달한 쌀농사는 한국 음식문화에서 쌀이 주식이 되도록 하는 데 결정적인 역할을 했다. 쌀밥을 주식의 원천으로 여겨 올 만큼 한민족에게 쌀은 신성시되던 것이었다.

중국 속담에서도 밥이나 쌀의 가치가 강조됨은 마찬가지다. 부식은 부식일 뿐이며 주식 위주로 식사가 이루어짐을 밝히고 있다. 특히 두 번째 속담에서 말하듯이 아무리 강한 사람도 밥을 먹어야 힘을 쓴다. 또한 "吃殺饅頭當不得米飯(빵을 아무리 많이 먹어도 쌀밥을 대체할 수 없다)"이라는 속담도 있듯이 밥을 먹는 것이 가장 중요하다고 함으로서 주식의 가치를 한껏 제고한다. 다만 중국은 앞에서도 언급했듯이 요리만으로 식사를 끝낼 수도 있고, 지역이 넓고 기후가 다르기 때문에 북방과 남방의 식문화에 차이를 보인다. "南人吃米 北人吃麵(남쪽 사람은 쌀을 먹고 북쪽 사람은 밀을 먹는다)"이라는 속담처럼 남쪽 지방에선 일반적으로 쌀(쌀밥)을 주식으로 하며, 북쪽 지방은 밀(밀가루) 음식을 주로 한다. 그리고 중국 음식의 기본구성은 판(飯)과 차이(菜)라 할 수 있는데, 판은 주식으로서 밥이나 국수와 같이 곡류로 만든 음식이며 차이는 육류, 채소 등 다양한 재료로 만든 요리를 뜻한다.

요컨대 한·중 속담 사전에서도 잘 나타나듯이 한국과 중국에서는 모두 주로 밥을 주식으로 하고 있다. 중국에서 밥이 식생활에서 중요한 위상을 점유하고 있는 만큼 속담에서도 밥은 상당히 많이 나타나는데, 한국의 경우는 더한 편이다. 한국 속담 가운데 밥에 관한 것은 전체 음식 관련 속담 중에서 가장 많은 비중을 차지하고 있다.

한국에서는 공용의 찌개 그릇에 자기 입에 들어갔던 숟가락을 넣어가며 식사할 만큼 인정을 중시하는 한편 어른 앞에서 술을 마실 때 좀 돌아서는 등 엄격한 예절이 많이 전하고 있다. 한국의 음식문화는 생식을 으뜸으로 삼은 한 정도로 담백하며 발효식품의 발달은 그러한 자연친화성을 강화시켰다. 한국의 음식문화에서는 건더기와 함께 국물이 발달하고 나아가 수저 문화로 인해 숟가락이 발달하고 나아가 수저 문화가로 형성되었다.

　　　　한국은 음식을 통해 남들과 정을 나누고자 하는 의식이 매우 강하여 찌개 그릇 하나에 자기 입에 들어갔던 숟가락을 넣어 가며 식사를 하고 술도 인사불성이 될 때까지 자리를 옮겨 가며 먹곤 한다. 또 한국에는 윗사람이 먼저 수저를 든 다음에 식사를 한다든가, 어른 앞에서 술을 마실 때 좀 돌아서는 등 엄격한 예절이 많이 전하고 있는 편이다. 음식이라는 객체보다 인간이라는 주체를 더욱 중요시한다는 면에서 한국의 식문화는 정서적·정신적 성격이 매우 강하다고 할 수 있다.

　　　　한편 주체와 객체의 관계, 즉 인간과 자연(혹은 음식)의 관계에 있어 한국은 상호 간의 조화와 융합이 강하다. 따라서 한국의 음식문화는 비교적 중국의 음식문화보다 생식을 으뜸으로 삼을 만큼 더 자연친화적이므로 담백하고 기름기가 적은 편이다. 아울러 발효식품의 발달은 한국 음식문화의 자연친화적 특징을 강화하게 되었다.

다른 한편 객체와 객체, 상호 간의 강력한 융합 관계에 따라 한국 음식문화의 특징이 드러나기도 한다. 즉 중국·일본과 달리 건더기와 함께 국물이 중시되는 점을 들 수 있으며, 더구나 따뜻한 국물 중시로 인해 숟가락이 발달하고 나아가 수저 문화가 형성되었다고 하겠다.

I

1. 인정과 예절이 관건이다

1) 인정

2002년 9월부터 주요 일간지에 인기리에 연재 중이던 만화 『식객』은 2010년 27권으로 완간되었으며, 300만 한국 독자들에게 한국 음식의 자긍심을 선사했다는 평가를 받고 있다. 전문가들은 "허영만(1947~)의 『식객』은 한국의 정을 반영해 음식보다 인간 자체가 이야기의 기둥을 이룬다"고 말한 바 있다 (『동아일보』, 2007.2.5).

우리의 음식문화는 자기 것이 따로 차려지는 서양이나 일본과는 근본적으로 다르다. 가령, 일본의 경우 차려 놓은 음식을 각자 덜어 먹을 수 있는 '도리자라(とりざら)'라는 접시가

있다. 또한 '다른 사람의 젓가락이 간 요리에 손이 가는 것은 금기다'라고 표현할 정도이다. 이 같은 말에서 일본인들이 얼마나 다른 사람과의 접촉을 꺼리는지를 짐작할 수 있다.

중국도 일본과 크게 다르지 않다. 공동 식사의 대표 음식이라 할 수 있는 훠궈(火鍋)를 먹는데도 냄비를 각자 따로 사용하기도 한다. 중국인들의 말에 따르면 "중국인들은 철저하게 개인주의적이기 때문에 형제간에도 '내 엄마'라 한다"는 것이다. '우리나라, 우리 학교, 우리 집, 우리 엄마'라고 하는 한국의 '우리' 문화와 사뭇 다르다. 중국에는 "各人自掃門前雪 莫管他人瓦上霜(자기 집 문 앞에 있는 눈이나 쓸지 남의 집 지붕에 있는 눈은 관계치 않는다)"이라는 말도 있다. 나도 중국의 모 대학에서 어느 한족 조교가 자기 책상과 붙어 있는 교수의 책상은 안 닦고 자기 책상만 닦는 것을 본 적 있다.

"獨食難肥(음식을 혼자 먹으면 살이 찌기 힘들다)"라는 속담이 있을 정도로 중국도 큰 상에서 여럿이 음식을 나눠 먹는다고 할 수 있다. 그러나 나눠 먹는 방법이 우리와 크게 다르다. 한 접시의 음식을 공콰이(公筷)라는 공용 젓가락이나 자기 젓가락으로 덜어다 먹을 뿐이다. 자기의 입에 들어갔던 숟가락을 공통으로 사용하는 그릇 하나에 집어넣었다 꺼냈다 하며 음식을 나눠 먹는 우리와 전혀 다르다. 한국에서는 된장찌개, 김치

찌개 등 찌개류와 감자탕, 우거지탕 등 국물 있는 탕 음식을 먹을 때 특히 이런 온정적 현상을 보인다. 한국의 음식문화는 자기 접시의 음식만을 거두는 서양이나 일본, 중국의 방식과 달리 맛을 함께 공유한다는 점에서 독특하다고 볼 수 있다. 공용 그릇에 자신의 숟가락을 넣고 휘저으면서 먹는 식생활이야말로 비합리적이라 할 수 있으며 과도한 인정의 표출이라고도 할 만하다. "숨어서 음식을 먹으면 감기 든다"고 하는 금기어도 있으며, "음식을 나눠 먹지 않으면 머리에 소나무 난다"는 말까지 하는 등 인색함을 아주 멀리하며 살았다.

① 밥은 한 숟갈 주면 정이 없다.
② 소금밥에 정 붙는다.
③ 술은 주인이 권하고 밥은 손이 권한다.

한국에서 주식이라고 하면 단연 밥이다. 첫 번째 속담에서 엿볼 수 있듯이 욕심으로 인하여 밥을 남과 나누어 먹지 않으면 비난받아 마땅했고 더구나 상대방이 흡족하게 먹도록 주지 않으면 안 되었다. 두 번째 속담의 경우 소금을 반찬 삼아 먹는 가난한 집에서 성의껏 해 주는 음식이 매우 고마워 더 친해진다는 뜻이다.

지금도 사랑받는 비빔밥은 성별, 연령, 계층을 떠나 정을 나누며 공유할 수 있는 좋은 예이다. 논밭에서 일하는 사람들이 간편하게 공동으로 식사를 하거나, 집에서 남은 반찬과 찬밥들을 모두 처리해야 하던 때 먹던 음식이 바로 비빔밥이라 한다. 섣달 그믐날 저녁에 남은 음식을 해를 넘기지 않는다는 뜻으로 비빔밥을 만들어 먹는 습관도 있었다. 비빔밥이란 용어는 조선 말기 『시의전서(是議全書)』에 처음 등장하는데, 서민들 사이에서 유행하던 이 비빔밥은 나중에 상류층에까지 전파되면서 모두가 즐기게 되었다. 더욱이 제사를 마치고 비빔밥을 한 양푼 만들어 선조까지 '우리' 속에 포함시켜 고루 떠먹는 관습에서 온정주의적 정신의 극치를 보게 된다. 또한 이 비빔밥에서 여러 가지 재료가 어우러져서 만들어 내는 복합적인 맛과 영양의 조화도 느낄 수 있다.

세 번째 속담과 관련 한국의 대표 음식으로 술을 들지 않을 수 없다. 중국이나 일본과 다르게 차보다 술을 더 일상적인 음식으로 여겼던 점도 한국 문화의 특징이라 하겠다. 조선에서는 승려들이 주로 차를 마실 뿐 양반층조차도 차를 즐겨 마시지 않았다. 사실 한국은 중국이나 일본과 달리 차를 잘 마시지 않는 편이며, 차 대신 숭늉을 마셨다. 미국의 목사 그리피스(1843~1928)도 "조선 사람들이 가장 즐겨 마시는 것은 숭늉이다"(『은자의 나라 조선』)라고 한 바 있다. "밥 먹고 숭늉 안 먹은 것 같다"는 속담이 있을 정도다. 한국은 수질이 뛰어났기 때문에 차 마시는 것이 일반화되지 않았던 것이다. 차를 마시고 밥을 먹는 일이라는 뜻의, 보통 있는 예사로운 일을 이르는 '다반사(茶飯事)'라는 말이 있음에도 불구하고 차보다는 술을 많이 마시는 쪽으로 풍습이 흘러왔다. 따라서 차는 한민족의 일반 음료로 보급되지는 못하였다. 그런 가운데서도 특별히 정약용(1762~1836)은 전남 강진에서 차를 재배하면서 자신의 호를 '다산(茶山)'이라 했을 정도로 차를 즐겼다. 다산은 "술을 마시면 나라가 망하고 차를 마시면 나라가 흥한다"는 말도 했다.

　　우리는 저녁 식사를 할 때도 대체로 반주(飯酒)를 든다. 밥을 먹기에 앞서 한두 잔 마시는 반주로 피로를 풀고 식욕도 돋울 수 있었다. 우리나라는 "박주 한 잔이 차 한 잔보다 낫다"는 속담이 있는 나라다. 중국에도 비슷한 속담이 없는 것은 아니나 "사흘 밥은 굶어도 하루 차는 못 굶는다"고 하는 중국과 한국의 경우는 다르다. 술은 평상시 어려운 노동을 하는 우리에게 활력소로 쓰였다. 고려에 왔던 송의 사신 서긍은 "고려에서 나는 차는 맛이 쓰고 떫어서 송나라로부터 차를 수입하기도 한다"(『선화봉사고려도경』)고 했다. 조선에 왔다 간 독일 상인 오페르트(Ernst Oppert, 1832~1903)는 차나무가 조선의 중남부 어디서나 자라고 있는데 "왜 재배에 힘쓰지 않는지 모르겠다"(『조선기행』)고 한 바 있다.

세 번째 속담과 비슷한 '주주객반(主酒客飯)'이라는 말이 있는데, 주인은 손님에게 술을 권하고, 손님은 주인에게 밥을 대접했다. "밥 대신 술로 산다"는 속담도 있듯이 술은 우리 사회에서 일상적으로 애용되어 왔으며 귀한 손님에게도 차보다는 술을 대접하고자 했다. "술은 다정한 친구를 만나면 천 잔도 모자란다"는 속담마저 생겨났다. 물론 중국에도 "酒逢知己千杯少(자기를 알아주는 사람과 만나면 천 잔도 모자란다)"라는 말이 있으나 중국에서는 술보다 차를 더 중시하는 편이다. 우리나라에서 차보다 술에 더 관심을 갖고 소중하게 여겼음은 요즘에도 비교적 중국의 경우 좋은 차를 선물로 주고받는 데 비해 한국은 이름 있는 술을 최고의 예물로 여기는 것과도 무관하지 않다. 세조가 태종의 사위인 화천군 권공(權恭, ?~1462)의 집에서 막걸리를 마셨을 만큼(『세조실록』 8년 4월 14일) 서민의 술이라는 막걸리조차 임금도 즐겼던 사실에 주목할 수 있는데, 술은 계층과 관계없이 두루 음용되었다. 이같이 손님 접대에 차보다 술을 권하고 상류층도 서민적인 술을 즐기는 데서 인정을 중시하고 공유하는 한국의 음식문화를 느낄 수 있다.

우리는 사람을 먼저 생각하고 술을 즐기는 문화다. 술

을 만드는 데도 술을 '빚는다'고 할 만큼 정성을 강조했다. 한
국인은 서양인들과 달리 홀로 술을 마시지 않으며 술자리에서
도 소외되는 사람이 없게 잔을 돌려 가며 마시는 수작(酬酌) 습
관이 있다. 중국에도 "推杯換盞(잔을 내밀어 상대방과 교환함)"이라
는 말이 남아 있을 정도로 옛날에는 잔을 돌려 가며 마시는 습
관이 있었으나 비위생적인 관계로 이미 사라진 편이며, 일본의
수작 문화도 시골을 제외하고는 거의 사라졌다고 할 수 있다.
속담에도 있는 바와 같이 흔히 늦게 온 사람에게 벌주 세 잔을
권하는 '후래자삼배(後來者三盃)'라는 말도 술로써 정을 나누고자
하는 한국 음주 문화의 성격을 부각시키는 예라 하겠다. 물론

성협, 《풍속화첩》, 〈야연〉, 한국데이터산업진흥원 제공.

중국에도 춘추시대부터 "遲到者罰酒三杯"라 하여 지각한 자에게 벌주 석 잔 마시는 술 문화가 있어 왔다.

　　심지어 우리가 사회생활을 하는 가운데 2차, 3차로 자리를 옮겨 가며 거의 인사불성이 되도록 술을 마시는 풍습을 보면 한국이 얼마나 인정을 중시하는지 단적으로 짐작할 수 있다. "술에는 장사가 없다"는 말을 비롯하여 "술김에 사촌 땅(집) 사 준다"고 하든가 "술 한 잔이면 왕이 되고 술 두 잔이면 정승 되고 술 석 잔이면 개가 된다"는 속담도 있듯이 술을 과하게 마셔 이성을 잃는 것을 늘 경고해야 했다. "물에 빠진 사람은 건져도 술에 빠진 사람은 못 건진다"는 속담마저 있다. 오늘날 서양식 바(bar)와 달리 여럿이 둘러앉을 수 있는 술집의 구조에서도 정을 공유하고자 하는 공동체적 문화 현상을 확인할 수 있다.

　　우리가 어릴 때 어머니가 밥 위에 또는 숟가락 위에 맛있는 반찬을 얹어 주었을 뿐만 아니라 갓난아기 시절 어머니들이 음식을 먼저 자신의 입안에 넣어 식히거나 씹은 다음 입에 넣어 주기도 했다. 여기에 비위생성 또는 비합리성이 끼어들 여지는 없다. 무엇보다 우리에게는 인간적 정리와 공동체적 유대감이 소중하게 인식되었던 것이다.

　　중국의 식생활에서 음식을 남기는 관습도 정을 나누는 것과 무관하지 않을 것이다. 주인은 손님에게 배불리 먹여야 하는데, 접시를 깨끗이 비우면 주인의 준비가 소홀했다는 뜻이 되기 때문에 손님은 음식을 남겨야 하는 것이다. 남는다는 '위(餘)'와 부유하다는 '위(裕)'의 발음이 같으며, 따라서 남는다는 것은 복이 넘치는 것이요, 길상(吉祥)을 추구하는 정신과도 맞닿아 있었다. 우리에게도 이런 현상이 있긴 하지만, 중국의 식생활에서 음식을 남기는 관습과 달리 우리는 음식을 버리거나 남길 수 없었다.

음식을 만든 사람보다 음식이 나오기까지 수고한 모든 이들에 대한 감사의 깊은 정을 담아 "음식 남기면 가난하게 산다", "음식 먹다 남기면 복이 나간다"고 했고, "음식을 남기면 신랑을 빼앗긴다"고 했던 우리와 중국은 분명 차이가 있다. 그러나 음식이 많으면 으레 남지만 적은 경우에도 서로 양보하다가 남게 되므로 "음식은 많아도 남고 적어도 남는다"는 속담까지 지니고 사는 우리다.

2) 예절

동양의 유교 문화에서는 원천적으로 "飮食男女 人之大欲存焉(식욕과 성욕은 사람이 바라는 큰 욕심이다)"(『예기』, 예운)이라고 규정했다. 그러므로 한·중·일 3국은 모두 음식을 매우 귀하게 여기면서도 먹는 걸 인간의 본능적 행위로 인식하여 자제하려는 의도가 있어 왔다. 그러나 중국은 비교적 음식에 대한 욕구를 드러내는 경향이 있는 반면, 한국은 음식에 대한 욕구를 자제하는 의식이 강하다고 할 수 있다. "쉰밥도 고양이 주기는 아깝다"는 속담처럼 우리는 음식에 대한 욕심을 경계하고자 애썼다.

다시 말해 한·중의 음식 관련 속담 가운데, 공동체 정신을 부각시키는 속담이 많을 만큼 양국은 모두 유교 사상을 배경으로 인간관계를 소중히 여겨 왔다. 그리고 한·중 모두 식사할 때 지켜야 하는 인간으로의 도리와 예법을 가치 있게 인식하였다. 그러나 역사적, 사회적 요인 등에 의해 양국의 식생활 습관에 약간의 차이점을 보인다. 한국 음식문화의 성격을 나타내는 다양한 요소 중에서 가장 뚜렷한 것으로 식사예절을 들수 있다. 물론 중국에서도 예절을 중시했는데 중국은 청나라 때부터 외국의 침략을 많이 받으면서 서양화의 추세로 가는 가운데 식사예절이 점점 사라졌다.

식사예절은 동물과 달리 함께 먹기를 좋아하는 인간의 공동 식사 습관에 뿌리를 두고 있다. 그러므로 예부터 "예절은 밥상머리에서 배운다"고 말하는 것은 자연스러운 발상이다. 유교적 가르침은 남을 배려하는 식사예절을 더욱 엄격하게 요구했다. 일찍이 아이들을 위한 도덕책에서는 밥 먹을 때의 예절을 가르치면서 "절도 있게 먹고 마시어 사람으로 하여금 하늘의 이치에 도달하도록 해야 한다"(『소학』)고 말했고, 특히 성리학적 이데올로기가 강력하게 밥상에까지 영향을 미쳤던 조선시대, 실학자 가운데 인간의 도덕성 회복을 강조했던 이덕무는 선비, 부녀자, 어린이의 식사예절에 대해서 언급한 바 있다(『사소절』, 제1장 복식). 또한 조선을 대표하는 여성 유학자였던 빙허각 이씨(1759~1824)는 "사대부는 음식을 먹을 때에 다섯 가지를 생각해야 한다"(『규합총서』, 권1 주사의)고 주장하였다. 이 다섯 가지는 "준비하는 이의 수고에 감사하라", "큰 덕을 헤아려 음식의 맛을 너무 따지지 말라", "음식 앞에서 탐내는 마음을 없애라", "음식을 좋은 약으로 생각하라" 등 식사할 때 사대부가 지켜야 할 것이었다.

좌식의 식사 패턴도 한국 식생활의 특징이라 하겠다. 동굴이나 움막에서 살던 부족국가 시대부터 앉아서 식사하는 습속이 있었음은 추측하기 어렵지 않다. 그러나 벽화에서 알 수 있듯이 고구려 때는 주방이 입식으로 되어 있으며, 고려 때도 좌식과 더불어 식탁 차림으로 식사를 했다. 그리고 보면 오늘날과 달리 식사 양식이 확고하게 좌식이 된 것은 조선시대부터라고 하겠다. 조선 초부터 온돌 설비가 일반화되면서 식사 양식도 좌식으로 일원화되었고, 이러한 좌식 식사의 풍습은 곧 우리의 생활을 안정적으로 이끌었다. 따라서 일본처럼 그릇도 들고 먹거나, 돌아다니면서 식사하는 것이 금기시됨은 당연했고, 나아가 좌식 식사는 더욱 예절을 강화하는 결과를 낳았다. 공간전개형의 상차림과 독상 문화도 좌식 생활의 영향으로 본다.

가족이 빙 둘러앉는 밥상의 기회가 점점 줄고 있는 가운데 밥상머리 교육도 점점 사라지고 있어 안타깝다.

> ① 누워서 먹으면 죽어서 쇠귀신 된다. / 누워서 음식을
> 먹으면 가난해진다.
> ② 밥 먹을 때 밥그릇 소리를 내면 가난하게 산다. / 밥
> 그릇을 긁으면 재수 없다.
> ③ 밥 먹으며 이야기하면 가난해진다. / 밥 먹을 때 떠들
> 면 복이 나간다.

『예기』(예운)에서 말하길 "예는 음식에서 시작된다"고 했다. 식사예절은 자신의 교양을 나타내 주는 척도이기도 하다. 첫 번째 속담을 통해서 우리는 식사할 때 바른 자세로 앉아서 먹어야 함을 강조했다. 즉 게으른 생활을 경고하며 음식을 대하는 진지한 태도를 요구하는 것이다. "밥 먹고 바로 누우면 입이 삐뚤어진다"고 함으로써 식사 후 즉시 눕는 것도 경계했다.

두 번째 속담에서와 같이 밥을 먹을 때 그릇 소리를 내는 것은 그릇이 비었다는 것을 표시하는 뜻이 된다. 그런데 민간에서는 그릇 소리를 내는 것이 불만을 표시하는 것만이 아니라 장차 거지가 될 수도 있다는 것으로 인식하기도 했다. 민간 습속에는 "식사할 때는 쩝쩝 소리나 밥그릇 긁는 소리를 내지 마라. 거지가 된다"는 말이 있다. 옛날에 동냥할 때 그릇을 두드렸던 거지를 연상케 하므로 아이들에게 그릇을 두드리지 못하게 한 것이다. 그 밖에도 식사 중에 시끄러운 소리가 용납되지 않는 것은 식사를 안락하게 하기 위한 지혜의 소산이었다고 볼 수 있다. "식사 중에 다듬이질을 하면 귀 먹는다"고 하는 속담도 바로 격조 있게 식사해야 할 분위기를 해쳐서는 안 된다는 경고에서 나온 것이다.

세 번째 속담에서처럼 음식이 귀하다 보니 식사를 편안하고 경건하게 하는 것은 당연하다고 할 수 있다. 공자도 일찍이 "食不言 寢不語(밥 먹을 때와 잠자리에서는 말을 하지 않아야 한다)"(『논어』, 향당)라고 했었다. 특히 전통적으로 양생학에서는 사람은 아비인 하늘로부터 생명을 받고 어미인 땅에서 길러지는 자식과 같다고 보았으며 한 인간이 이루어지기 위해서는 이 삼합삼통, 즉 신(神)과 정(精)과 기(氣)가 근본이 된다고 하였다. 다시 말해 신은 태어남을 맡고 정은 기름을 맡으며 기는 이룸을

맡는데, 이 셋이 모인 것이 인간이므로 성인들은 될 수 있는 대로 인체의 신과 정과 기의 소모를 방지하기 위해서 말을 황금처럼 아껴서 해야 한다고 했다. 식사 중에 말을 하다 보면 밥을 흘리기 십상이요, 그것은 복을 떨쳐내는 것과 같으므로 삼가야 할 필요가 있다. 또 식사할 때 언짢은 말이라도 나오게 되면 자리가 불편해질 수도 있다. 그래서인지 서양에서도 입안에 음식을 넣은 채로 이야기하는 것을 금하고 있다.

오늘날은 많이 달라지기는 했지만 그래도 아직까지 식사할 때 말을 많이 하지 않는 게 예절인 편이다. 물론 중국이나 일본에도 예절을 중시하여 격조를 갖춘 조용한 식당들이 얼마든지 있다. 중국도 속담에서 "酒中不語眞君子(술 마실 때 말이 없는 사람이 진짜 군자다)"라고 하였다. 그러나 북적거리는 것을 즐기며 대화하기를 좋아하는 중국인들의 습성은 오늘날 식생활에서도 잘 나타난다. 특히 1949년 중화인민공화국이 세워진 이후 사회주의 평등 사상의 확산에 따라 남을 배려하는 식사예절이 크게 변화되었다. 사실 서양에서는 식사예절이 까다롭게 발전한 것이 17세기 이후로서 여럿이 한 식탁에서 맨손으로 집어 먹던 습속으로부터 유래되었다고 한다.

그릇을 포개 놓고 음식을 담아 먹지 않고, 혓바닥으로 그릇을 핥지 않으며, 밥을 먹으면서 쩝쩝거리는 소리를 내지 않고, 밥을 먹으며 발을 까불지 않아야 한다. 이런 예절들을 지키지 않은 채 떠들썩하고 어수선한 분위기로 식사 환경을 훼손하면 복이 나간다고 여겼다. "먹을 때엔 개도 안 때린다"는 속담도 있듯이 아무리 잘못한 일이 있더라도 음식 먹는 사람을 꾸짖어서도 안 된다. "먹은 죄는 없다"는 속담도 있는데 설령 남의 것을 갖다 먹었다 할지라도 그것을 죄목으로 삼아 벌을 주어서는 안 된다는 뜻이다. 하찮은 짐승이 아닌 존귀한 인간으로서 우리는 온화하고 편안한 식사를 위해 깍듯이 예절을 지켜야 했다.

한편 밥상 앞에서 음식을 깨작깨작 먹는다거나 남에게 불쾌감을 주는 행동도 삼가야 한다. 더구나 음식도 중요하지만 식사하는 주체로서의 인간은 더 소중하다. 따라서 음식이 소통과 배려의 수단이 되지 못하고 음식을 인간의 탐욕을 부추기는 대상으로 전락시키는 우를 범해서는 안 될 것이다. 다음 속담을 보자.

① 밥을 깨끗이 먹지 않으면 복이 나간다.
② 반찬을 털어 가며 먹으면 복이 나간다.
③ 밥을 뒤쪽에서부터 먹으면 인덕이 없어진다.

첫째와 둘째 속담이 말하듯이, 밥이든 반찬이든 음식은 귀한 것이다. 지금도 우리가 식사 전에 서로가 "잘 먹겠습니다. 맛있게 드세요"라고 감사의 뜻을 나타내고, 끝날 때도 "잘 먹었습니다"라고 예를 표하는 것은 당연한 미풍양속이다. 일본도 식사하기 전에 반드시 "いただきます(잘 먹겠습니다)"라는 인사를 하고 젓가락을 들며, 중국에서도 보통 "多吃點(많이 드세요)"라는 말을 쓰며 식사에 대한 감사와 예의를 표시한다. 그러므로 함부로 음식을 버리면 천벌을 받는다든가 먹던 밥을 남기면 복 나간다고 지적하는 것도 충분히 이해할 만하다. 특히 둘째 속담에서 경고하듯이 반찬을 젓가락으로 집어서 털면 보기가 흉할 것이다. 음식을 소중히 여기지 않는 것은 참으로 어리석은 나쁜 짓이라 하겠다.

일찍이 농부들이 곡식에 영혼이 있다고 믿었음은 시사하는 바가 크다. 셋째 속담에서 엿볼 수 있듯이 한국에서는 식탐하는 사람을 맹렬히 비난한다. 큰 그릇의 밥을 함께 먹어야 할 때 자기 몫의 밥은 놔두고 남의 몫의 밥을 먼저 먹으려고 하면 욕심쟁이다. 민간 풍속에서는 "밥 먹을 때 뒤부터 먹으면 도둑놈이 된다"는 말로 욕심이 커져 도둑이 되는 것을 우려하기도 했다. 식사예절을 통해 인간으로 하여금 정직과 배려를 고취시키고자 했던 것이다.

한편 손님이 오면 술을 권하는 것이 우리의 중요한 음식 예절이었다. 그리고 "술자리에 늦게 오면 석 잔을 먹어야 한다"는 속담과 같이 약속 시간을 어기면 벌을 받도록 했다. 술을 마셔도 품위를 지키고자 했으며, 중국·일본과 달리『예기』나『소학』에 나오는 대로 윗사람과 대작 시 두 손으로 따르거나 두 손으로 받고 약간 돌아서서 마시는 등의 예절이 지금까지도 유지되고 있다. 술 마시는 예법을 엄수하고자 했던 노력은 '향음주례'의 실천과 같은 데서 여실히 나타난다. 향음주례의 목적은 주인과 손님 사이의 예절 바른 주연을 통하여 덕행과 절도 같은 아름다운 풍속을 일으키는 데 있었다. "술을 배우려면 술버릇부터 배워야 한다", "술은 어른 밑에서 배워야 한다"고 말한 속담 등을 간과할 수 없다. "술은 조물주가 사람들에게 마시라고 만든 것이 아니라 제사 때 사용하라고 만들었다"(『상서』, 주고)는 말도 있듯이 원래 술은 의례와 밀접한 관계가 있다.

　　3국의 음식문화 속에는 식례(食禮), 주례(酒禮), 다례(茶禮) 등의 예의가 나타난다. 특히 중국과 일본에 비해 한국은 유교 이념의 절제와 엄숙주의의 영향을 고스란히 받아서 (아직도) 비교적 정중한 식사예절, 식탁 문화를 잘 지키고 있다고 할 수 있다. 전통적으로 우리의 식문화에서 가장의 식기는 크고 좋으며 수저도 재질이나 문양 등에서 다른데 이런 현상이 남아 있기도 하다. 손님이나 어른들에게 먼저 쌀밥이나 맛있는 반찬을 올리고, 웃어른이 먹던 밥상을 물려 아이들이 먹는 '상물림'의 관습도 있었다.

해방 이후 온 가족이 함께 식사를 하더라도 가장이 수저를 들 때까지 자녀들은 기다렸는데, 이 관습은 지금까지도 지속된다고 할 수 있다. 사실 중국, 러시아, 일본, 한국 등 가부장 사회에서는 가장이 수저를 든 후에 가족들이 식사하는 습관이 일찍 자리를 잡았었다. 일본도 마찬가지지만 중국은 한국의 가정이나 사회에서처럼 윗사람이 먼저 수저를 든 다음에 식사를 할 수 있다는 의식이 이미 사라졌다. 물론 중국에서도 공적인 자리에서는 윗사람이 먼저 수저를 든 다음에 식사를 한다. 어른을 모시고 식사할 때 다 먹자마자 숟가락을 내던지고 먼저 일어나서는 안 되는 것도 어린이의 식사예절이었다(『사소절』).

"식사 전에 얼굴과 손을 깨끗이 씻는다"라든가, "화가 나는 일이 있으면 마음을 가라앉힌 다음 식사한다"라고 예절을 강조하기도 했다. 물론 여기에는 위생의 문제, 소화불량을 우려하는 과학적 인식까지 내포된다고 하겠다. 아직까지 국은 밥 오른쪽에 놓아야 하는 것도 우리의 식탁예절이자 실용성이 내재된 식문화이다.

한국인들은 음식과 식사를 귀하게 생각하고 즐기면서

도 일찍이 공자가 "君子食無求飽(군자는 먹는 데 배부름을 구하지 말아야 한다)"(『논어』, 학이)라고 말했듯이 식탐하는 것을 경계하고 예절을 중시하며 간소하게 식사를 해 왔다. 우리나라는 OECD 국가 중에 식사시간이 가장 빠르다고 한다. 식사시간이 짧고, 식사횟수가 적으며, 식사를 간소하게 하는 것 등도 예절을 소중히 여기는 한국 음식문화의 특성과 무관하지 않다. 유교적 생활이 몸에 배어 있다 보니 우리에게는 잠재적으로 의식주를 본능적인 것으로 폄하하는 인식이 있었다. "등으로 먹고 배로 먹는다"는 속담처럼 닥치는 대로 아무것이나 다 먹으려고 하면 흉이 되듯이 배불리 먹는다는 것을 부도덕한 것으로 간주하거나, 식탐을 하게 되면 '주접스럽다'고 하여 부정적으로 보는 편이다. 따라서 음식 타박하는 것을 못마땅하게 인식하는 건 자연스러운 일이다. 빙허각 이씨는 "마음에 과하게 탐내는 것을 막아야 한다"(『규합총서』)고 했고, 이덕무도 "탐식해서는 안 된다"(『사소절』)고 경고했다. 고려시대 사신으로 왔던 송의 서긍은 우리나라 사람들이 "배불리 먹는 것만 좋아하는 듯하다"(『선화봉사고려도경』)고 했으나, 서민들이 배고픔을 해결하고자 했던 정도로 이해해야 할 것이다. 기본적으로 한국인의 식사량은 중국인들에 비해 적었다.

① 음식은 반드시 절제해서 먹어야 한다. / 적게 먹으면
    부처님이다.
② 옷은 살만 가리면 되고, 음식은 허기만 면하면 된다.

　　두 속담이 보여 주듯 음식을 지나치게 잘 먹으려 하지
말고 소박하게 먹어야 하는 것이 예의다. 비슷한 의미로 "도시
락 밥에 표주박 물이다"라든가 "부른 배가 더 답답하다"는 속담
도 있듯이 우리는 검소하고 소탈한 생활을 편안하게 여겼다.
과식하지 않고 알맞게 먹기를 바라던 것이 전통적 풍습이다.
사실 먹어서 생기는 병이 크다고 할 수 있다. 수다를 떨면서 늦
게까지 밥상에 앉아 있으면 어른들로부터 빨리 일어나도록 질
책을 받기 일쑤다. 자연히 우리는 부지런히 식사를 하고 자리
에서 일어나 일터로 가는 데 익숙해졌다.
　　우리의 식문화는 중국의 북방 사람들이나 라틴계통의
민족처럼 몇 시간 동안 먹고 낮잠까지 자면서 여유를 보이는
식사 문화가 아니다. 이는 외국처럼 요리 위주가 아닌, 주식 위
주의 식습관과도 관련이 있다. 우리는 지금도 식사 때가 되면
대다수가 "밥 먹으러 가자"고 할 만큼 우리의 식사는 밥을 중심
으로 한다. 물론 밥 위주의 빠른 식습관을 형성하는 데 국·탕·
비빔밥 등의 발달이 크게 기여했으며, 역으로 식사를 빨리하는

습관이 국물 음식이나 비빔밥의 발달을 가져오기도 했다. 코스형이 아닌, 한꺼번에 차려 나오는 동시전개형도 식사시간을 단축시켰을 것이다. 우리나라는 선천적으로 스피드에 뛰어난 DNA를 물려 받았다고 한다.

식사의 횟수에 있어서도 우리는 중국이나 서양처럼 네 끼나 다섯 끼를 먹는 게 일반화되지 않았으며 두 끼가 기본이었다. 물론 중국에서도 황제나 귀족과 달리 평민의 경우 하루에 두 끼를 먹었고 유럽에서도 프랑스혁명 이전에는 서민들이 보통 하루 두 끼의 식사를 했다. 우리가 식사 대신 '조석(朝夕)'이라는 말을 써온 것도 두 끼를 먹었던 데 기인한다. 현대에 와서 다소 달라지기는 했지만, 우리가 대체로 조석 중에서도 아침 식사를 든든히 했던 습관은 건강과 밀접한 관련이 있다. 일찍 잠자리에 들기에 긴 시간 비워 놓은 상태고 영양을 빨리 공급하지 않으면 저혈당이 올 수 있기 때문이다. 현대 영양학자들도 아침을 잘 먹는 건 두뇌활동에 좋다고 권하고 있는 만큼 조상들의 지혜를 본받을 필요가 있다.

지금처럼 연중 세끼를 먹게 된 것은 개화기 이후부터다. 그 이전에는 통상 해가 짧은 가을·겨울에는 두 끼를 먹었으며, 해가 긴 봄·여름에만 세끼를 먹었다. 세끼에는 점심이 들어가는데, 점심은 조선 후기 실학자 이규경(1788~?)의 말과 같이 간단히 시장기를 면한다는 뜻의 '요기(療飢)' 수준에 불과했다. 박학다식했던 이규경은 점심의 어원에 대해, 중국에서는 새벽녘에 간단히 먹는 밥을 점심(點心)이라 했으며, 모든 굶주림은 마음으로부터 나오는 것이요, 먹을 것으로 점을 찍듯 그 마음을 찍으면 굶주림을 생각지 않게 된다고 하여 생긴 말일 것(『오주연문장전산고』, 복식재량변증설)이라고 했다. 본래 '점심'이란 중국의 스님들이 새벽이나 저녁 예불 및 공양 전에 문자 그대로 '뱃속에 점을 찍을 정도'로 간단히 먹는 음식을 가리키는 말

김홍도, 《풍속화첩》, 〈점심〉, 한국데이터산업진흥원 제공.

이었다고 한다.

　　예절을 중시하는 한국의 풍습은 식사하는 방식과 태도에 국한되지 않고, 의례(세시, 일생, 종교 등) 음식의 발달을 가져왔다. 의례 음식 가운데 대표적인 것으로 떡을 들 수 있다. 명절이나 생일 등 주요 행사가 있을 때는 특별히 떡이 필요했다. 중국의 전통 떡류는 기원적으로 상하이(上海)를 비롯한 남방 음식으로 아침에 밥 대신 먹거나 저녁에 밥을 먹고 난 후 간식으로 즐겨 먹는 정도다. 하지만 한국인에게 떡은 단순한 식품 이상의 의미를 갖고 있다. 떡은 예절을 소중히 여기는 한국인의 의식을 반영한 것이다.

　　우리 속담에 "누워서 떡 먹기다", "입에 넣어 준 떡도 못 먹는다", "귀한 자식 매 한 대 더 때리고, 미운 자식 떡 한 개 더 주랬다", "떡 주고 뺨 맞는다" 등이 있는 것을 보면 떡이 얼마나 우리 가까이 존재해 왔는가를 알 수 있다. 한편 "부모의 말을 잘 들으면 자다가도 떡이 생긴다", "입에 맞는 떡이다", "입에 맞는 떡은 드물다", "입에 맞는 떡이 없다", "보기 좋은 떡이 먹기도 좋다", "남 떡 먹는데 고물 떨어지는 걱정한다(쓸데없는 걱정을 하다)", "떡방아 소리 듣고 김칫국 찾는다(준비가 지나치게 빠르다)", "떡도 먹어 본 사람이 잘 먹는다(무슨 일이나 경험이 풍부한 사람이라야 그 일을 능숙하게 한다)", "미친 체하고 떡판에 엎드린다(잘

못인 줄 알면서도 욕심을 부린다)" 등을 보면 한국인들은 떡을 좋아하고 귀하게 인식했음이 분명하다. 보너스를 일컬어 '떡값'이라 하는 것도 예외가 아니다. 떡이 우리의 삶에 비중이 컸던 만큼 우리는 예절을 중시했던 것이다.

떡은 우리의 먹거리 중에 빼놓을 수 없는 것으로서 그 역사도 오래되었다. 고구려 고분벽화에서는 시루로 음식을 찌는 주방의 모습을 볼 수 있고 실제로 부족국가 시대의 유적지에서 떡시루가 발견되고 있는 것으로 보아 우리 선조들은 농경의 시작과 함께 떡을 만들어 먹기 시작한 것으로 추측된다. 시루 이후 솥이 등장하는데, 무쇠솥이 일반화되면서 쌀을 솥에다 끓여 밥을 짓게 되었다. 밥 짓기는 떡 만들기에 비하여 용이하고 간편한 조리법이다. 이렇게 평소의 주식으로 먹던 떡은 특별 음식이 되고 밥이 상용 음식으로 자리 잡게 되었다.

『삼국사기』(신라본기, 유리왕조)에는 "떡을 물어 잇자국을 시험했다"는 이야기가 나온다. 이를 보더라도 우리 떡의 유구한 역사와 전통을 유추할 수 있다. 떡은 늘 우리와 함께했으며 조선시대 문헌에 나오는 떡만도 250여 종에 이른다. 최근까지도 보도에 의하면 상당히 많은 떡 관련 사업체가 각축전을 벌이고 있다고 한다. 세계적으로 예절을 중시해 온 우리로서는 명절, 혼례 등이 다가오면 정성을 다해 복식을 갖춰 입고 떡을 나누어 먹었다.

> ① 밥 위에 떡이다. / 밥숟가락에 떡 얹어 준다.
> ② 떡 본 김에 제사 지낸다.

첫 번째 속담은 밥으로도 배가 부른데, 떡까지 주니 더 바랄 것이 없이 만족스럽다는 뜻이요, 두 번째 속담은 우연히 운 좋은 기회에 하려던 일을 해치운다는 뜻이다. 위 속담들에서 보듯 일상적으로 먹는 밥과 달리 떡은 특별한 때에 먹는 음식이요, 특별한 경우란 의례를 치를 때를 말한다. "남의 떡에 설 쇤다"는 속담처럼 설날에는 떡(국)을 먹고, 추석에는 송편을 먹듯이 세시의례에는 별식으로 떡을 장만했다. "남의 떡으로 제사 지낸다"는 속담같이 일생의례 때도 떡이 필요했던바, 돌잔치에는 백설기와 수수팥떡을 마련하고 혼례 때는 함을 받기 위해 시루떡을 했다.

"굿이나 보고 떡이나 먹어라(남의 일에 쓸데없이 간섭하지 말고 실속이나 차려라)", "고사 떡을 먹으면 재수가 있다" 등의 속담이 있는 것으로 보아 민간신앙에서도 의례상 떡이 중요했던 것으로 보인다. 무속의례인 굿의 상차림에는 일상적인 밥상이나 제사상과 달리 밥이나 나물이 오르지 않고 떡과 고기가 핵심의 자리에 놓인다. 『삼국유사』(가락국기조)에도 떡이 제수로 등장하듯이 떡은 종교의례에서 으뜸으로 꼽히는 특별 음식이다. 특히 떡은 불교 문화와도 밀접하다. 불교에서 말하는 6법 공양 가운데는 떡 공양이 있을 정도이다.

최남선(1890~1957)은 예부터 '남주북병(南酒北餅)'이라 하여 남산 아래서는 술을 잘 빚고 북촌에서는 떡을 잘 만들었음(『조선상식문답』)을 전하고 있다. 지금도 부자들이 많이 살았던 북촌 근처인 서울의 종로와 낙원상가를 비롯한 북촌의 떡집에는 불경기가 없다. 의례에 소요되는 떡의 수요가 많기 때문이다. 서울의 유명한 산과 변두리에 있는 굿당에 떡을 비롯한 의례 음식을 배달하는 업종이 성업을 이룬다. 현재 온라인망을 통해 영업을 하는 곳만도 수십 곳이나 되는 것을 보면 각종 의례에 쓰이는 떡의 수요가 만만치 않음을 말해 준다.

일반적으로 조리법에 따라 떡의 종류를 크게 네 가지, 즉 찐 떡(시루떡)·친 떡·삶은 떡·지진 떡으로 구분하는데, 한국에는 찐 떡이 가장 많다. 찐 떡은 멥쌀이나 찹쌀을 가루로 만들어 시루에 안친 뒤 김을 올려 익힌 것이다. 찐 떡 가운데 설기떡은 쌀가루에 간만 하여 쪄낸 것으로 설기떡에 아무것도 섞지 않은 것을 백설기라 한다. 켜시루떡은 멥쌀가루나 찹쌀가루와 팥, 녹두, 깨 따위의 고물을 켜켜이 안쳐 찌는 떡을 말하는

데 팥고물이 들어간 팥시루떡이 우리의 대표적인 떡이다. 이 밖에도 찐 떡에는 떡가루를 술로 반죽하여 찌는 증편을 비롯하여 송편, 두텁떡 등이 있으며, 찹쌀을 쪄서 양념하여 중탕을 한 약식류도 찐 떡에 들어간다. 둘째, 친 떡은 쌀가루를 시루에 찐 다음 절구나 안반 등을 놓고 떡메로 친 것으로 인절미, 절편, 개피떡 등이 있다. 셋째, 삶은 떡은 물편이라고도 하며 빚는 떡으로 단자, 경단 등이 이에 속한다. 넷째, 지진 떡, 즉 전병(煎餅)은 찹쌀가루를 끓는 물로 개어 둥글납작하게 만들어 기름에 지지는 떡으로 화전, 주악, 부꾸미 등이 있다.

2. 자연식(생식)이 기본이다

한국 음식문화의 특징 가운데 하나는 친환경적이라는 점이다. 중국 음식문화에도 자연친화의 특징이 없는 것은 아니지만 음식문화의 형성은 그 나라의 독특한 지리적·기후적 환경 등과 불가분의 관계에 있는 만큼 한국보다 분명하게 나타나지는 못하는 편이다. 음식을 담는 그릇마저 인체에 좋다는 옹기를 사용할 정도로 한국의 음식과 식사 문화의 발달은 철저하게 우리의 풍토와 환경에서 나온 것이라 하겠다.

공자는 일찍이 "不時 不食(때가 아니면 먹지 않는다)"(『논어』, 향당)이라고 말한 바 있다. 중국의 속담에도 "春吃芽 夏吃瓜 秋吃果 冬吃根(봄에는 새순, 여름에는 오이, 가을에는 과실, 겨울에는 뿌리를 먹는다)"이라는 속담이 있기는 하다. 하지만 우리나라는 사계절의 변화가 뚜렷하여 식품 생산에 계절성이 특출한 편이다. "봄 조개, 가을 낙지"라는 속담이 있는데, 봄에는 조개, 가을에는 낙지가 제철이라는 말로 다 제때가 되어야 제구실을 한다는 뜻으로 확장되어 쓰이고 있다. 이렇듯 모든 일에 적기가 있음을 효과적으로 전달하기 위한 비유적 표현으로 사계절과 그에 따른 산물을 언급하는 데서 우리가 음식의 계절성을 얼마나 중시했는지 짐작할 수 있다.

우리 조상들은 제철에 나오는 재료의 사용은 물론 자연물의 감각을 살리려고 노력했다. 산에 만발한 진달래꽃을 뜯어다가 쌀가루에 반죽하여 참기름을 발라 지져 먹는 화전(花煎)은 봄의 미각을 돋워 주는 별식이다. 닭고기 국물에 밀가루 반죽을 얇게 밀어 가늘게 썬 칼국수는 여름철의 입맛을 돋우는 데 좋은 음식이었다. 복중에 더위를 피해 물놀이 갔을 때 물가에서 닭을 푹 고아 그 국물에 미역을 넣고 끓이다가 칼국수를 넣고 끓인다. 우리 조상들은 더운 여름을 넘기기 위해 과하주(過夏酒)를 만들어 먹었으며, 곡식으로 만든 독한 소주로 추위를 이겨 냈다. 가을철 전어가 바다의 진미라면 송이버섯은 산에서 나는 진미라 하겠다. 가을의 기운을 가득 품은 송이버섯은 맛과 향이 뛰어나며 보약 한 첩에 버금가는 버섯 중의 왕이라 할 수 있다. 북쪽 지방에서 녹말이나 메밀가루로 만들어 먹는 냉면은 차가운 동치미 국물에 곁들여 먹는 겨울철의 음식이었다. 『부녀필지』 같은 음식 관련 책과 속담에서는 계절에 따라 "밥은 봄같이 먹고, 국은 여름같이 먹고, 장은 가을같이 먹고, 술은 겨울같이 먹는다"고 하였다. 국도 계절의 맛을 살려 봄에는 냉이국, 여름에는 오이냉국, 가을에는 토란국, 겨울에는 우거지국 등을 먹었다.

소박하고 온순한 한국인은 계절의 변화나 자연의 이치에 충실하게 순응하면서 살아왔다. 자연친화적인 음식문화라면 채소, 과일, 생선 등이 풍부한 중국도 예외는 아니다. 하지만 우리의 경우처럼 고기를 먹는 데까지 많은 채소가 따라 나오지 않으며, 오히려 중국 요리에서는 기름에 튀기고 볶는 것이 전체 조리법의 80%를 이룬다고 한다. 외국인이 중국에 가서 식사하다 그들이 좋아하는 '수이주위(水煮魚)'에 다소 놀랄 수 있다. 특히 느끼한 걸 싫어하는 한국인의 경우 기름에 재운 음식을 먹는 것은 상상하기 어렵다. 중국에는 우리처럼 쓰는 '몇 인분'이라는 말은 딱히 없다고 한다. 세숫대야만 한 그릇에 내오는 충칭(重慶) 요리인 '수이주위'를 보면서 중국인들이 기름기 있는 음식을 많이 먹는다는 생각을 지우기는 힘들 것이다. 물론 기름진 것은 추운 동북지역의 음식이라고 볼 수도 있다. 기름을 많이 사용함으로써 발생하는 음식의 산성화 경향은 건강을 해치므로 차를 먹어 중화시키기도 한다. 중국이 '요리 천국'임을 자부하는 만큼 요리가 다양하고 맛이 있지만 지나친 요리 개발로 재료가 지닌 자연의 향미가 사라진다고 우려하는 사람들도 많다.

한국 음식의 재료는 70%의 나지막한 산지와 3면이 바다로 둘러싸인 영토에서 산출된 것이다. 따라서 생식을 으뜸으로 삼는 우리들에게 자연친화적 음식의 제조와 향유를 가능하게 하며, 자연식품의 섭취를 한국 음식문화의 특징으로 삼을 수 있다. 미국요리학교(Culinary Institute of America)의 존 니호프 교수는 "아직 미국에서 한국 요리는 일본이나 중국 요리에 비하면 덜 알려졌지만 최근 들어 미국인들이 갈수록 자연식과 건강식을 선호하는 추세인 만큼 미국에서 성공할 가능성이 충분히 있다"고 말했다(『동아일보』, 2007.7.12). 외국 음식을 많이 접할수록 한식이 전 세계 어디에 내놓아도 손색없는 최고의 요리라는 생각이 든다고 말하는 것도 이 자연친화성과 무관하지 않을 것이다. 음식의 색깔에 있어서도 중국이나 일본에선 비교적 가공한 색이 음식에 많이 들어가는 데 비해, 한국에선 자연 그대로의 색이 들어가는 편이다.

자연친화적 음식의 예로서 먼저 묵에 대해 간단히 살펴

보기로 하자. 녹말을 뽑아내서 반고체 상태로 만든 묵은 한국에만 있는 고유한 식품이다. 묵은 저칼로리 음식으로 인체 내부의 중금속과 여러 유해물질을 흡수 배출하는 기능이 있다. 주로 여름과 가을에는 도토리묵을 먹고 겨울에는 메밀묵을 먹는다. 도토리묵을 좋아했던 조선 선조의 수라상에 항상 올랐다 하여 도토리는 상수리(←상수라)로 불리게 되었다. 봄에는 파란 녹두로 만든 청포묵을 먹는데, 이 묵은 하얗고 말갛게 비치며 맛이 담백하고 깨끗한 것이 특징이다.

　　묵 중에서 제일로 치는 것은 녹두묵인데, 녹두는 온갖 독을 풀어 주는 명약같이 원기를 돋우어 주고 오장을 편안하게 하며 혈압을 낮추고 정신을 안정시킨다고 한다. 묵은 한자로 '포(泡)'라 하는데, 노란 녹두로 만든 것을 '황포'라 하고 파란 녹두로 만든 것을 '청포'라 한다. 점술가들에 의하면 정신이 맑아진다고 하여 청포묵을 먹는다. 묵에다가 여러 부재료를 섞어 만든 요리를 '묵채'라 하는데, 특히 청포묵에 돼지고기·미나리·김·초장 등을 넣어 무친 것을 '탕평채'라 한다. 조선 영조가 탕평책을 논하던 날 처음 선을 보였기 때문에 붙여진 이름이라고 한다.

　　묵은 원래가 담백한 음식이기에 특별한 맛이 없고 양념을 잘해야 한다. 그래서 '묵 맛은 양념 맛'이라고도 한다. 대체로 깨소금을 뿌리고, 총총 썬 김치, 삭힌 고추를 썰어 넣으며, 구운 김을 부숴 넣은 다음 조선간장으로 맛을 낸다. 냉수 먹고는 체해도 묵 먹고는 체하는 법이 없을 만큼 금방 소화되는 서운 섭섭한 음식이 바로 묵이기 때문에 낱알이 오들오들하게 씹히는 조밥을 곁들인 조밥을 먹어 두어야 나중까지 뱃속이 든든하다. "묵 먹은 배다"라는 속담이 있는데 묵을 먹었을 때는 배가 불러도 바로 소화가 된다는 뜻이다.

　　한국인들의 자연식에 대한 가치의 인식 속에서 그들이 향유한 자연친화적 음식문화를 반영하는 속담은 얼마든지 찾아볼 수 있다.

　　① 고기는 적게 먹고 채소를 많이 먹는다.
　　② 가을 상치(상추)는 문 걸어 잠그고 먹는다.
　　③ 그 밥에 그 나물이다.

　　인간과 사물(자연)의 융합방식으로서, 세 가지 속담에서 나타나는 바와 같이 우리는 채소를 많이 먹는 민족이라고 할 수 있다. 중국에서 "冬吃羊肉賽人蔘(겨울에 양고기를 먹으면 인삼을 이긴다)"이라고 했던 것과는 큰 차이가 있다. 한국은 사계절의 구분이 뚜렷하고 그에 따른 채소류 생산이 많다. 따라서 한국인은 농경민족으로서 절기마다 색다른 음식을 즐기는 편이다. 우리는 전통적으로 봄의 냉이와 달래, 여름의 열무와 오이, 가을의 가지와 연근, 겨울의 움파와 우엉 등과 같이 사철 다른 재료를 올려 상차림에 계절감을 살렸다. 나물을 비롯한 채소는 과일보다 무기질과 비타민이 많으며 푸른 잎의 채소는 철분과 칼슘 함량도 높다.

한국 음식은 기름기가 적어 신체 건강에 유리한 편이며, 또 식사가 채식 위주여서 다이어트 효능도 크다. 채소의 영양을 보존하기 위해 우리는 익히지 않은 싱싱한 오이나 토마토를 그냥 먹기도 한다. 균형이 있는 영양을 위해서는 깻잎, 배추, 상추, 쑥갓 등의 날채소로 밥이나 고기 등을 싸 먹기도 한다. 자연과의 공존을 꾀하는 인간 노력의 극치라 아니 할 수 없다. 이는 또한 한국 음식문화가 지향하는 다양한 재료, 복합적인 맛의 조화를 뜻하기도 한다.

쌈은 들일을 하다 밭에서 뜯어 온 채소에 밥을 싸 먹는 '들밥'에서 유래했는데, 이 쌈 문화는 한국 음식문화의 가장 큰 특징 중 하나다. "눈칫밥 먹는 주제에 상추쌈까지 먹는다"는 속담이 있는데 빌어먹는 처지에 눈치 봐 가면서도 상추쌈을 먹었을 만큼 한국 사람들은 상추쌈을 좋아했다. 이덕무는 상추쌈 먹는 법에 관한 글을 남기기까지 했다(『사소절』 권1, 사전). 예전부터 농부의 밥상은 물론이고 왕의 수라상에도 올랐던 상추쌈은 다른 나라에서는 찾아보기 힘든 한국 고유의 음식이다.

가을에는 아욱국이 좋다는 속담도 많다. "가을 아욱국은 문 닫고 먹는다"든가 "가을 아욱국은 계집 내쫓고 먹는다"든가 "가을 아욱국은 사위만 준다"는 것이다. 또 "아욱으로 국을 끓여 삼 년을 먹으면 외짝 문으로는 못 들어간다"라는 말이 있듯이 아욱국은 유난히 맛도 좋고 영양가도 높다. 구수하며 감칠맛이 나는 아욱은 단백질, 칼슘이 시금치의 2배이고 비타민 C 또한 풍부하다.

이상에서 살펴본 바와 같이, 한국의 음식문화는 자연환경과 밀접한 관련이 있다. 한국인들은 자연에서 자라난 채소를 그대로 먹는 습관이 있으며, 한국의 음식은 바로 자연 그 자체라고 할 수 있다. 이처럼 채소가 지닌 본래의 영양을 파괴하지 않고 본래의 맛을 보존하는 것 등은 인간과 사물의 융합에 나타나는 한국의 독특한 생식 위주의 문화다. 중국에서 '명장' 칭호를 받는 중국 양저우(揚洲)대학교의 관광요리대(旅游烹飪學院) 천쭝밍(陳忠明) 교수는 "한식은 담백하고 깔끔하며 건강에도 좋아서 조금만 더 신경을 쓰면 지속적인 사랑을 받을 것 같다"(『조선일보』, 2007.11.22)고 한 바 있다.

세 번째 속담은 서로 격이 어울리는 것끼리 짝이 되었을 경우를 두고 이르는 말이다. 살림이 넉넉지 못한 시절에는 상차림의 기본으로서 매끼 보리밥에다 김치가 나오곤 했다. 그래서 산나물을 뜯거나 물고기를 잡아 겨우 배를 채웠다. "그 밥에 그 나물이다"라는 속담도 그런 배경에서 유래된 듯하다. 나물은 채소 중 대표적인 재료이며, 식단에서 기본적으로 등장한다. 조선 후기 의사이자 농학자였던 유중림(1705~1771)이 "여러 가지 나물은 해가 없으니 먹어도 좋다. 그 종류는 이루 다 적을 수 없을 만치 많다"(『증보산림경제』 권6, 치포)고 언급한 것으로 미루어 보아도 우리나라가 '나물 국가'로까지 불리는 게 무리는 아니라 생각된다.

우리 식탁을 채워 온 수많은 나물은 한국의 산과 들에서 생산되는 귀한 자연식품으로서 신토불이의 전형이다. 나물의 색과 맛도 자연스럽고 영양도 뛰어나다. 그리하여 예부터 봄철이 되면 입맛을 돋궈 줄 햇나물을 장만하여 식탁에 올렸으며, 지금까지 숙채를 조리할 때도 살짝 데쳐서 비타민의 파괴를 막고 나물의 본색과 맛을 살린다. 자연히 생채(生菜)·진채(陳菜)·숙채(熟菜) 등의 나물은 궁중에서부터 민가에 이르기까지 일상식과 특별 식단에 널리 이용되어 왔다. 우리나라 사람들이 성인병에 강한 것도 나물 덕분이다.

특히 봄이 가까워 오면 지천에 널려 있는 쑥을 뜯어서

쑥개떡을 만들어 먹는다. 봄에 나는 어린 쑥으로 쑥개떡을 만들면 쑥의 향긋한 냄새와 어린 쑥의 부드러운 섬유질의 씹히는 맛이 일품이다. 쑥은 한국인들이 오래전부터 식용해 온 식재료이자 약초로서 비타민과 무기질이 많아 몸에 활력을 되찾아 줄 뿐만 아니라 특유의 향과 맛으로 잃었던 식욕을 회복시켜 주는 역할을 한다. "7년 된 병을 3년 묵은 쑥을 먹고 고쳤다"는 속담도 있다. 명나라 의학자 이시진(1518~1593)은 쑥은 속을 덥게 하여 습열을 식히고 황달을 치료한다(『본초강목』, 이수삼습약)고 했고, 조선의 의학자 허준(1539~1615)은 쑥은 성질이 따뜻하여 백 가지의 병을 고칠 수 있다(『동의보감』 권3, 탕액편)고 했다.

① 김치는 반양식이다. / 김장은 겨울철 반양식이다.

② 된장을 잘 먹으면 오래 산다.

③ 상추쌈에는 고추장이 제맛이다.

채소로 담는 김치는 대표적인 자연친화적 음식이라 할 수 있다. 첫 번째 속담에서 알 수 있듯이 김치는 우리의 식생활 속에서 가장 중요한 부식이다. 김치는 밥과 함께 끼니마다 식탁에 오르는, 비타민이 풍부한 건강식품으로 각광을 받고 있다. 다양한 재료로 만들어지는 김치는 지역성을 반영하고 있는

데, 지역적인 특성은 바로 자연적 조건에 따른 것이다. 김치는 젓갈, 조기, 명태, 새우 등과 고추, 마늘, 파, 생강 등 다양한 부재료들이 들어가 숙성 발효되면서 식물성과 동물성이 조화를 이루며 탄생하는 융합식품이다.

우리에겐 없어서는 안 될 반찬이며 세계에 내놓을 만한 최고의 한국 음식인 김장김치는 원래 채소를 겨우내 보관하기 위해 입동을 전후해서 소금을 넣어 화학적으로 숙성시킨 것이다. 선조들은 신선한 채소나 과일이 없는 3~4개월 동안 먹을 식품을 개발해야 했고 그 결과 김장김치를 담게 되었다. 그리고 김치가 얼지 않고 적당한 온도가 유지되도록 김칫독을 땅에 묻었다. 김치를 장기간 맛의 변질 없이 보관하는 방법으로 흙의 단열 효과를 활용한 조상의 지혜를 엿볼 수 있다. 김치의 종류는 채소의 계절성에 따라, 겨우내 먹는 김장김치 외에도 봄철의 나박김치와 돌나물김치, 여름의 오이소박이와 열무김치, 가을 김치인 섞박지 등으로 구분할 수도 있다.

김치는 혈압을 낮추고 암을 예방하며 노화를 억제하는 등 인체에 복합적인 효과가 있으므로 오늘날 국내외 많은 영양학자가 김치를 미래식품으로 손꼽고 있다. 일찍이 2002년에는 유엔본부 주 식당의 정식 메뉴에 한국 김치가 올라간 바 있고, 2003년 SARS라는 신종 바이러스가 사그라지면서 한국 김치 수

요가 기하급수로 늘어나 베이징 등 주요 도시에서 김치가 동이 났었다. 사실 사스를 물리친 것은 김치 속의 마늘인데 마늘을 발효시킨 형태로 먹는 나라는 지구상에 우리나라가 유일하다고 한다. 2005년에는 김치의 유산균이 조류독감이나 위궤양을 치료하고 식중독을 예방한다는 연구결과가 나온 바 있고, 미국 잡지 『헬스』 2006년 3월호에서는 김치가 세계 5대 건강식품으로 선정되기도 했다.

위 둘째와 셋째의 속담에 특히 주목할 필요가 있다. 우리의 부식류 중 으뜸을 차지해 온 것이 삶은 콩을 발효시켜 만드는 간장, 된장, 고추장의 장류이다. 중국의 경우 콩을 재료로 삼는 두(豆)장이 한나라 때 등장은 하나 중국에서는 해(醢)라는 육(肉)장·어(魚)장이 발달한 데 비해 한국에서는 콩 또는 메주에 의한 두장이 발달했다. 조선의 실학자 성호 이익은 "곡식이 사람을 살린다고 보면 콩의 힘이 가장 크다"(『성호사설』 9권, 인사문)고 함으로써 장을 만드는 원료인 콩의 가치를 드높인 바 있다. 약 40%의 단백질로 이루어진 콩은 '밭에서 나는 쇠고기'라고 불릴 만큼 영양가가 높다. 더구나 콩 속의 단백질은 몸속의 지방을 분해하고 콜레스테롤 수치를 낮춰 혈관을 깨끗하게 해 준다.

간장과 된장은 콩과 소금이 주원료이다. 콩을 삶아 뭉

처 띄워 메주를 만들고 그 메주를 소금물에 담가 발효시키는 데, 발효된 소금물이 간장이고 메주를 건져 내어 따로 되직하게 삭힌 것이 된장이다. 예로부터 된장은 다른 맛과 섞여도 제 맛을 내며, 오랫동안 상하지 않을 뿐만 아니라, 비리고 기름진 냄새를 제거하는 등 오덕(五德)을 갖춘 식품으로 일컬어지고 있다. 된장은 한국의 발효식품 중에도 항암 효과가 가장 탁월하며, 간 기능의 증진과 노화 방지의 효과가 크다고 알려졌다. 된장은 고혈압, 골다공증, 뇌졸중, 뇌출혈 등 혈액순환 장애로 인한 질병을 예방할 수 있으며, 동맥경화나 심장질환의 예방과 당뇨의 개선에도 좋다. 더구나 완전 건강식품인 청국장은 발효의 주역이 볏짚에 붙어 있는 바실러스균인데, 이 좋은 세균이 유산균 음료보다 1,000배나 들어 있다. 청국장은 고혈압이나 콜레스테롤을 떨어뜨리고 골다공증 같은 갱년기 증상도 없앤다. 간장과 된장은 중국과 일본에도 있지만, 고추장은 우리나라에서만 생산되는 전통식품이다. 외국에 갈 때도 가지고 나갈 정도로 고추장에 대한 애정은 극진하다. 고추를 고추장에 찍어 먹는 나라는 우리밖에 없을 것이다. 전북 순창고추장은 전국은 물론 해외에까지도 소문날 만큼 유명한데,『증보산림경제』에는 순창 지방의 명물인 고추장에 대한 기록과 함께 우리나라 최초로 고추장 담그는 법이 나온다.

"음식 맛은 장맛"이라는 말이 있을 정도로 예부터 장은 모든 맛의 으뜸이요, 우리 음식의 간을 맞춰 주면서 특히 국물음식을 만드는 데 꼭 필요한 재료이다. 맛좋은 장이 있으면 반찬 걱정이 없다고도 했다. 가정에서 반드시 해야 할 일 중의 하나가 장 담그는 것이었기 때문에 "구더기 무서워 장 못 담글까"라는 속담까지 나오게 되었다. "장맛 보고 딸 준다"는 속담도 있고, 장맛을 보면 그 집 주부의 솜씨를 알 수 있다고 했으며, 되는 집안은 장맛도 달다고 했다. 이렇게 장은 집안의 길흉흥망을 가늠하는 척도였던 만큼, 장 담글 땐 많은 정성을 들이고 금기를 철저히 지켰다. "장맛이 변하면 집안이 망한다"는 속담과 같이 가정에서는 장맛에 무척 신경을 썼다. 음식은 천 가지 재료, 만 가지 재주보다 한 가지 '정성'임을 잘 알고 실천하고자 했다. 순수하게 자연 발효로 만든 장은 오래 발효시킬수록 맛이 좋아진다. 다른 나라에서 볼 수 없는 독특한 장 문화가 한국에서 발달한 것은 자연환경과 불가분의 관계에 있기 때문이다. 『동의보감』 같은 한의약서들에서도 장에는 몸의 면역력을 높여 주고 오장을 편안하게 하는 효능이 있어 장을 먹지 않을 수 없다고 하였다.

　　우리가 자랑하는 발효식품은 바로 자연친화적인 음식이다. 전통음식의 80% 이상이 발효식품일 만큼 우리나라는 세계에서 가장 발효음식이 발달했다. 한국인뿐만 아니라 서구인들도 즐겨 먹는 숯불 쇠고기 갈비도 양념으로 살짝 발효를 시켜 구운 것이고, 전골찌개도 양념으로 약간 발효시켜 끓인 음식이다. 중국에서도 "고구려인들은 술, 장, 젓갈 등의 발효식품을 잘 만든다"(『삼국지』, 위지, 동이전)고 인정한 바 있고, 신라의 신문왕이 화랑인 김흠운(?~655)의 딸을 왕비로 삼을 때 예물로 보낸 품목에도 술, 장, 젓갈 등이 들어 있었다(『삼국사기』 권8). 특히 우리 발효식품은 치즈나 요구르트 같은 서양의 동물성 발효식품과 달리 대부분이 식물성 발효음식이다. 한민족은 기원전부터 독특한 발효방식을 익혀 장기간 음식물을 보존하는 저장법을 발달시키고, 국이나 찌개 등의 조리법을 개발하여 다양한 자연식품을 섭취해 왔다. 이는 건조하고 추운 겨울과 습하고 더운 여름이 봄이나 가을에 비해 훨씬 긴 우리나라의 자연환경에 영향을 받은 것이다.

　　위에서 언급한 김치와 장뿐만 아니라 소금에 절여 발효시킨 젓갈은 대표적인 자연친화식품이다. "눈치가 빠르면 절에 가도 젓국을 얻어먹는다"는 속담이 있을 정도로 젓갈은 소중한 것이었다. 그리고 "젓갈은 밥도둑이다"라는 말이 있을 만큼 젓갈의 곰삭은 발효미는 밥맛을 돋구어 준다. 한편 채소를 절이는 데 소금을 사용하는 것은 중국이나 일본과 비슷하지만,

우리는 특별히 담백한 맛을 내는 젓갈을 이용하기도 한다는 점에서 다르다. 기후가 온화한 중부 이남에서는 김치를 담글 때 간을 짜게 하고 신선미를 보완하기 위해서 젓갈을 많이 쓴다. 영호남에서는 멸치젓을 주로 쓰고, 중부 이북에서는 조기젓과 새우젓을 많이 쓴다. 젓갈은 조선시대 문헌에 나오는 것만 해도 무려 160여 종이나 된다. 젓갈은 칼슘과 단백질의 함량이 높은 알칼리성 식품으로 체액을 중화시킨다. 예전부터 젓갈이 흔했던 강경은 요즘 전국 최대의 젓갈 시장으로의 위상을 되찾았다.

우리의 대표적인 발효음식으로 술을 들지 않을 수 없다. 우리의 술은 조선시대의 문헌에 전하는 것만 해도 200종을 훨씬 넘었다. 농사를 생업으로 하는 우리의 술은 모두 곡주 계통이며, 주로 멥쌀로 만든 발효주이다. 누룩은 밀로만 만드는 것이 아니라 다른 곡식으로도 만드는데, 중국은 찹쌀을 주로 쓰고 일본은 쌀만을 사용하는 데 비하여 한국은 쌀·찹쌀·잡곡을 함께 사용한다. 우리의 발효주는 삼국 이전부터 있어 온 것으로서 탁주(濁酒)와 청주(淸酒)로 나눌 수 있다. 탁주는 술이 발효된 상태에서 맑은 술인 청주를 떠내고 남은 술지게미를 자루 또는 체에다 뭉개 걸러 내고 받은 술, 또는 청주도 떠내지 않은 술덧(밑술)을 걸러 낸 술이다. 특히 한국을 대표하는 막걸리는 탁주에 물을 섞어 다시 자루나 체로 걸러 낸 술이다. 물론 막걸리를 그냥 탁주로 부르기도 한다.

막걸리는 누룩의 종류에 따라 밀 누룩으로 빚은 일반 막걸리, 쌀누룩으로 빚은 순막걸리라 부르기도 한다. 농가에서 직접 만들고 농민들이 즐겨 마신다 하여 '농주'라고도 한다. 제주도에 유배된 인목대비의 어머니 노씨가 술지게미를 재탕한 막걸리를 팔아 생계를 유지했다고 해서 '모주(母酒)'라고도 불린다. 막걸리와 자주 혼동을 일으키는 동동주라는 술이 있다. 우선 동동주는 막걸리와 분명 다른 술이다. 청주처럼 거르지 않는다는 점에서 탁주라 할 수 있는 동동주는 아직 덜 삭았을 때 밥알과 함께 떠낸 맑은 술이다. 연노랑 빛을 띠고 은은한 향기가 나는 동동주는 달면서도 콕 쏘는 맛이 있다. 발효 상태에서 맑은 술을 따로 떠내지 않아 밥알이 그대로 동동 뜬다 해서 '동동주'요, 그 모양이 개미가 물에 떠 있는 것과 같다 해서 '부의주(浮蟻酒)'라고도 한다.

청주는 밀 누룩 같은 곡물을 발효시켜서 만든 밑술 속에 용수를 박아 맑은 술만 떠낸 것이다. 우리의 청주는 조선 선조 때부터 약주로 불렸는데, 1876년 강화도조약 이후 이 땅에 들어온 일본의 정종이 청주의 통칭이 되기도 했다. 사케(酒)라고 하는 일본식 청주를 일본에서는 니혼슈(日本酒)라고 부르는데,

이는 청주의 종주국임을 자처하는 용어이다. 우리는 흔히 외국 술과 우리 전통주의 차이를 '약'이 되느냐 안 되느냐에 두었다. 우리나라는 집집마다 가문의 유산처럼 전해 오는 약주가 있는 바, 집에서 빚는 이 가양주에는 후손의 건강을 생각하는 조상의 뜻이 숨겨 있다. 이 술은 제사는 물론 각종 요리에 조미용으로도 쓰였다.

소주는 탁주나 청주에 비해 곡식이 많이 들어가고 제조 공정이 복잡한 만큼 값이 비싸므로 아무나 즐길 수 있는 술이 아니었고, 주정 도수도 매우 높았다. 우리나라의 대표적인 소주로는 문배주, 안동소주, 전주이강주를 꼽는다. 전통주 최초로 국가무형문화재로 선정된 문배주는 술이 익으면 문배나무 꽃향기가 난다고 하여 붙여진 이름이다.

3. 국물과 숟가락이 핵심이다

1) 국물

　　　　1970~1980년대 대학을 다니던 사람들은 중국집에서 짬뽕 국물에 소주를 마시던 기억이 있을 것이다. 독한 소주와 곁들이는 안주도 국물로 대신할 뿐만 아니라 간편한 식사로 먹는 라면마저도 국물을 모두 들이키는 우리의 음식 습관은 독특하다 아니 할 수 없다. 지금도 한식 식당 메뉴의 대부분이 탕이나 찌개 종류의 국물 음식이다.

　　　　최치원(857~?)이 쓴 서간에 나오는 "헛되게 밥만 먹었으니 국에 맛을 조화시키기를 바라기는 어려울 것 같다"(『동문선』 57권, 답절서주사공서)라는 기록으로 보아 통일신라시대에 이미

국이 등장함을 알 수 있다. 그 후 고려시대부터 국이 우리 식생활의 대표적인 부식이 되었고 조선시대 문헌에 나오는 국 요리만도 200여 종에 이른다. 간장으로 간을 한 맑은장국, 된장으로 간을 한 토장국, 고기를 고아서 끓인 곰국, 국물을 차게 한 냉국 등이 본보기이다. 건더기만 중시하는 것이 아니라 국물을 버리지 않고 적극 향유하는, 이러한 건더기와 국물의 융합과 조화는 매우 의미 있는 한국 문화적 특성이다.

한편 서유구(1764~1845)의 『임원경제지』에 기록된 탕반류(湯飯類)만도 무려 58여 종이나 된다. 다양한 맛을 가지고 있는 재료들의 융합으로 이루어지는 우거지탕, 도가니탕, 갈비탕, 설렁탕 등의 탕 같은 국물 중시의 음식의 발달에 주목하지 않을 수 없다. 특히 단일의 미각을 즐기는 일본에 비하면 우리나라는 탕 종류의 음식이 매우 발달했다.

가정에서의 일반적인 식사 구조가 세 가지 요리에 탕이 하나 곁들여져야 하는 '삼채일탕(三菜一湯)'일 정도로 국(湯)을 중시했던 중국인들은 건더기와 함께 국물을 즐기는 한국과 달리, 대개 식사 전이나 식사를 마친 뒤에 국물을 마신다. 중국에서 '탕'이라는 것은 한국과 달리 주로 건더기 없는 국물이고, 그들은 우리의 설렁탕, 갈비탕같이 국물이 많은 음식은 그다지 좋아하지 않는다. 당나라 이후 차 마시는 습속이 보편화되면서 점차 국물 있는 음식도 적게 먹었을 것이다. 이보다 더한 일본은 우리처럼 국물을 떠먹거나 마시지 않으며, 보통 건더기만 건져 먹고 국물은 그대로 남기는 편이다. 일본에서 도시락이 발달한 것도 건더기를 좋아하는 것과 무관하지 않다.

국물인 탕(湯)에다가 밥(飯)을 말아 먹는 민족은 한국밖에 없을 것이라고들 한다. 더구나 '국밥'은 애초부터 밥을 국에 말아 놓은 것인데 이런 음식을 먹는 식생활 풍습은 전 세계에 유일한 것이라고 한다.

국물과 건더기의 융합, 탕에 들어가는 재료들의 융합 등은 앞에서 언급한 비빔밥이나 김치 등이 지닌 재료와 맛과 영양의 융합적 현상과 마찬가지로 우리의 고유한 문화적 특성이라 하겠다.

① 국물도 없다. / 국물도 없는 자리다.

② 건더기가 많아야 국물도 많이 난다.

③ 국 쏟고 허벅지 덴다. / 국 쏟고 뚝배기 깬다.

"사위 국 세 대접에 장모 눈먼다"는 속담이 있다. 귀한 사위가 오면 국을 끓여 주느라 연기에 눈이 멀 정도가 된다는 뜻이다. 국에 대한 인식을 단적으로 알 수 있게 하는 말이다.

첫 번째 속담에서는 건더기만 필요한 것이 아니라 국물도 반드시 있어야 함을 느끼게 한다. 두 번째 속담은 조건이 서로 갖추어져야 성과도 크다는 뜻인데, 국물이 많아야 함은 두말할 나위 없다. 이 밖에도 국물을 중시하는 속담에는 "찬밥에 국 적은 줄만 안다"라든가 "찬밥에 국 적은 줄 모른다" 등이 있다. 세 번째 속담은 물론 한 가지 손해를 보게 되면 그에 연관된 것까지도 모두 손해를 보기 쉽다는 뜻이다. 국물은 쏟아서는 안 될 만큼 소중한 것이다. 음식 생활에서의 국물의 가치가 거듭 부각되고 있다.

물론 관점에 따라 국이나 탕이 발달한 원인을 달리 논의할 수도 있으나 언론인이었던 이규태(1933~2006)는 무엇보다 우리는 과거에 가난한 데다 식구가 많기 때문에 적은 분량의 식품을 여럿이 나누어 먹기 위해서는 국을 만들어야 했고, 또한 외침에 따라 피난살이를 하면서 급히 식사를 해결해야 했다는 등으로 설명한 바 있다(『한국인의 의식구조』 1, 신원문화사, 1991).

국이나 탕이 발달할 수 있었던 것은 짧은 시간에 여러 사람이 함께 나눠 먹으려는 우리의 식습관에 부합되었기 때문일 것이다. 우리의 이러한 생활적 지혜는 곳곳에서 발견되고 있다. 가령 세계 항공 기내식 대회에서 1등을 하는 비빔밥의 경우 제한된 시공간에서 제공하는 균형적인 영양, 복합적인 맛의 결정이라 할 수 있다. 많은 재료를 함께 섞어 끓이는 찌개도 마찬가진데, 이같이 다양한 재료의 융합이나 복합적인 맛의 조화 지향은 한국 음식문화에 나타나는 독특한 현상이다.

국물 중시와 관련한 한국 식문화의 중요한 특징으로, 음식을 따뜻하게 해 먹는 온식(溫食) 문화를 들 수 있다. 급한 일을 당하면 사리 판단을 옳게 할 수 없다는 뜻으로 쓰는 "끓는 국에 맛 모른다"라는 속담에서 새삼 국물은 뜨거워야 제맛이라는 점을 느끼게 되며, 사람답지도 못하면서 까다롭게만 군다는 뜻의 "맛없는 국이 뜨겁기만 하다"라는 속담에서도 국은 뜨거워야 함을 알 수 있다. 우리는 뜨거운 국물, 지글지글 끓는 찌개를 후후 불어 가며 먹어야 충족감을 느낄 수 있었다. 뜨겁고 매운 찌개 국물의 얼큰한 맛을 보며 우리는 '시원하다'고 탄성을 지른다. 우리의 국물이 외국의 것과 차별화된 것이 이 시원함 때문이라고 한다. 국물의 맛마다 특유의 시원함이 있는데, 이는 고기, 멸치, 사골 등 밑간을 이루는 육수와 어울리면서 계량으로 따라잡을 수 없는 한국적 조화를 이루어 냈기 때문이다.

타향살이 또는 구박받는 처지를 '찬밥 신세'라고 하는 것도 온식 문화에서 비롯된 것이다. 우리는 모락모락 김이 오르는 따뜻한 밥을 먹어야 한다. 딸 둘을 둔 여인이 셋째 딸을 낳자 친정에서 산후조리를 할 때 친정어머니가 "네가 지금 따뜻한 밥을 먹을 수 있니"라고 한다는 것이다. "거지도 부지런하면 더운밥을 얻어먹는다", "더운밥 먹고 식은 말 한다"는 속담도 있다. 밥, 국, 반찬 등을 담는 식기들은 열의 발산을 막고자 입체화되어 있고 뚜껑까지 있다. 탕이나 찌개를 담는 뚝배기를 비롯하여 각종 음식을 담는 질그릇, 사기그릇 등 도자기가 발달한 것도 온식을 위한 보온성 때문이었다. 다습한 몬순기후 때문에 미생물의 기생이 왕성하기에 살균하는 온식은 물론 삭히는 발효 문화도 발달하게 되었다.

한편 음식은 불이 직접 닿게 굽거나 강한 열로 튀기면 독성물질이 생기기 때문에 한국의 경우 삶거나 찌거나 끓이는 쪽으로 온식 문화가 발달했다. 삶고 찌고 끓이는 것 역시 국물과 밀접한 관련이 있는데 이는 그만큼 건강에도 좋다고 할 수 있다. 다시 말해 우리는 중국이나 일본만큼 지지고 볶는 튀김 문화가 발달하지 않았음을 말해 준다. 특히 중국에는 볶는 '차오(炒)'와 조리는 '샤오(燒)' 음식이 매우 많다.

차가운 것을 싫어하기로는 사실 중국을 따르는 나라는 없다고도 할 수 있다. 물론 중국의 역사를 살펴볼 때 공자와 관련된 일화에서는 끓인 음식이 싸구려로 인식되었다. 또한 유몽인(1559~?)에 의하면 "공자께서 회를 좋아했다"라든가 "『논어』에 짐승과 물고기의 날고기를 가늘게 썬다"(『어우야담』)는 기록 등이 있다. 그러나 "술 먹기는 겨울같이 하라"(『규합총서』)며 지금까지 추운 겨울에도 냉장고에서 차가운 음료를 꺼내 마시는 우리와 달리 중국은 아직도 맥주를 냉장고에 넣지 않고 뜨뜻미지근하게 먹는 경향이 있으며, 보온병이나 컵을 들고 다니며 따뜻한 물을 마시는 관습이 남아 있다.

요컨대 중국은 물이나 술뿐만 아니라 주식은 물론 채소·육류 등의 요리에 이르기까지 전 방위적으로 강력하게 온식 문화가 발달했다면 한국에서는 국이나 탕 등 뜨거운 국물 음식을 즐기는 문화가 발달했다고 할 수 있다. 우리는 중국·일본과 달리 따뜻한 국물과 건더기의 융합에 의한 조화로운 맛을 즐겼다.

2) 숟가락

『미스터 초밥왕』의 작가 데라사와 다이스케(寺澤大介, 1959~)는 "한국 음식을 먹을 때 곤란한 점은 국물을 먹을 때였다. 일본인은 식사 중 몸을 굽히면 안 된다고 예절교육을 받았기 때문이다. 숟가락이 있으면 편하게 먹을 수 있다는 것도 나중에 알았다"(『동아일보』, 2007.2.5)고 한 바 있다. 일반적으로 숟가락을 사용하지 않고 젓가락만으로 식사를 하는 경향인 일본의 식사 문화에 익숙한 입장에서 나온 자연스러운 발언이라 여겨진다.

앞에서 살핀 바와 같이 한국의 음식은 국물이 많고 따뜻한 것이 주류를 이루고 있기 때문에 음식을 손으로 집어 먹는 버릇이 없고, 숟가락의 사용이 발달하였다. 부족국가 시대에 이미 현재와 비슷한 형태의 뼈나 청동으로 된 숟가락이 나타나고 있으며, 젓가락은 중국의 저(箸)에서 유래한 것으로 숟가락에 비해 뒤늦게 일반화되었다. 우리가 숟가락[匙]과 젓가락[箸], 즉 수저를 함께 사용한 것은 삼국시대부터라고 할 수 있다. 놀라운 것은 일찍이 중국에서 사용되기 시작한 숟가락과 젓가락이 우리나라에서는 지금까지 그대로 이어져 오고 있다는 사실이다.

특히 뜨거운 국이나 죽을 뜨기 위한 숟가락의 사용이 두드러졌고, 탕이나 찌개 등을 중간에 놓고 공동으로 먹기 위해 긴 숟가락이 요구되는 등 숟가락의 중요성은 생활 속에서 자연스럽게 묻어 나왔다. 중국이나 일본과 달리, 목재가 아닌 금속 젓가락의 발달도 국물 음식과 무관하지 않을 것이다.

① 남대천 콩죽도 숟가락이 있어야 먹는다.

② 먹던 술(숟가락)도 떨어진다.

③ 숟가락이 많아야 음식도 맛이 있다.

첫 번째 속담은 무슨 일을 하려면 반드시 조건이 갖춰져야 함을 표현한 것이다. 아무리 맛있는 남대천 콩죽이 준비되어 있어도 숟가락이 없으면 먹을 수가 없음은 당연하다. "젓가락으로 김칫국을 집어 먹는다"는 속담이 있는 것도 숟가락의 필요성을 반증한다. "밥 주고 숟가락 뺏는다"는 속담도 있는데, 선심을 쓴 뒤에 해를 끼친다는 뜻이다. 숟가락이 없으면 밥을 먹기 힘들다는 말로 숟가락의 가치를 충분히 짐작하게 하고 있다.

두 번째 속담은 능숙한 일이라도 때로는 실수할 수 있으니 조심하라는 뜻으로서 늘 하는 숟가락질을 하다가도 숟가락을 떨어뜨릴 때가 있다고 말한 것이다. "숟가락 가지고 장난하면 복이 달아난다", "식사 후 숟가락을 던지면 복 달아난다"고도 했다. 식사 도구를 함부로 다루지 말아야 함을 역설하였다.

또한 "수저로 밥상을 두드리면 복 나간다", "밥 먹다 수저를 두드리면 복 나간다"는 속담뿐만 아니라 "밥 먹고 수저를 함부로 놓으면 밥 빌어먹는다"라는 속담마저 있다. 한국에서는 보통 숟가락으로는 밥이나 국물이 있는 음식을 먹는 데 쓰고 젓가락으로는 반찬을 먹는다. 식사를 하는 데 사용할 귀한 수저를 가지고 장난치는 것은 당연히 옳지 못한 행동이다. "숟가락질을 배웠으면 젓가락질도 배워야 한다"는 식사예절이 요구되는 속담이 만들어질 만큼 한국에서는 수저 문화가 발달하였다.

숟가락이 들어간 세 번째 속담은 당연히 혼자 먹는 것보다 여럿이 함께 먹어야 음식의 맛이 좋다는 뜻이다. "밥 먹던 숟가락으로는 개도 안 때린다"는 속담과 더불어 위 세 속담을 통해서 우리의 식사 도구를 대표하는 것이 숟가락이므로 마구 다루지 말고 소중하게 관리해야 함을 확인하게 된다. 나아가 숟가락이 곧 식사하는 주체로서의 사람으로까지 의미가 확장됨을 알 수 있다. 자신이 노력해서 먹지 않고 남에게서 얻어먹기만 한다는 뜻으로 "숟가락만 들고 다닌다"는 속담을 지금도 자주 사용하는 것을 보면 예사롭지 않게 들린다.

밥숟가락의 준말로 '밥술'이라고 하는데, 속담 가운데는 "밥술이나 먹게 되니까 눈에 보이는 것이 없나 보다" 등을 비롯하여 '밥술이나 먹게 되니까'라는 표현이 많이 등장한다. 그만큼 숟가락은 식사의 필수도구였음을 알 수 있다. 한마디로 우리는 '숟가락을 드는' 것으로 식사를 시작하여, 만일 먹지 못하고 '숟가락을 놓기'에 이르게 되면 생을 마감하는 것이다.

숟가락의 발달은 우리가 많이 사용해 온 놋그릇과도 관련이 있다. 놋그릇은 그윽한 빛깔이나 보온의 기능성, 그리고 살균력을 지닌 식기이다. 청동으로 식기를 만들어 쓴 유일한 민족으로서 우리가 그토록 귀하게 여기는 그릇이지만 놋그릇은 무거울 뿐만 아니라 열전도율이 높기 때문에 들고 먹기 불

편하다. 게다가 놋그릇에 국물이 담길 경우는 젓가락으로 음식
을 먹기가 거의 불가능하다. 따라서 불가피한 숟가락의 필요와
함께 국물에 썩지 않고 깨질 염려도 없는 금속 숟가락은 매력
있는 도구가 되었을 것이다.

　　중국 주나라의 식사 예법을 따르고자 하는, 이른바 공
자 시대로의 복고를 주장하는 유교주의자들에 의한 숟가락 사
용의 관습이 이어져 숟가락을 끝내 버리지 못했다는 시각도 있
다. 고대 중국에서는 숟가락과 젓가락을 아울러 사용하였다.
중국에서는 이미 기원전 5,000년경 것으로 여겨지는 짧은 주걱
과도 같은 '탕츠(湯匙)'라고 하는 숟가락이 발견된 바 있다. 다시
말해 춘추 말기 공자가 활동하던 시기에 이미 숟가락이 사용되
고 있었고, 송나라와 원나라 때까지도 밥을 먹을 때 숟가락이
보편적으로 사용되었다. 그러나 명나라 이후 중국인의 식탁에
서 숟가락은 점차 쇠퇴하고 식사 도구가 젓가락 중심으로 바뀌
었다. 당나라 이후 차 문화가 크게 확산되면서 국물 있는 음식
이 점점 줄어드는 가운데 숟가락의 사용도 쇠퇴했다고 봐야 할
것이다. 청에 갔던 박지원(1737~1805)도 중국에 숟가락이 없는
점에 놀라야 했다(『열하일기』).

　　일본에서는 국을 그릇을 들고 마시며, 식사를 젓가락
만으로 하는 게 예의다. 일본의 경우 벼농사가 시작되던 야요

이(彌生)시대, 즉 기원전 3세기~서기 3세기부터 굳이 숟가락을 사용할 필요가 없었다. 중국으로부터 전래된 숟가락은 쇼토쿠태자(聖德太子, 574~622)가 처음으로 사용했고 헤이안(平安)시대(794~1192)에 이르러 귀족들에 의해 널리 사용되었으나 무사들이 정권을 잡고 귀족들이 몰락하는 가마쿠라(鎌倉)시대(1185~1333)에 접어들자 숟가락은 자취를 감추게 되었다. 한편 세간에서는 숟가락이 사용되던 시기에 대해 "아스카(飛鳥)시대(593~622)부터 나라(奈良) 시대(710~794)에 걸쳐서 정착했다고 할 수 있다"고도 한다.

요컨대, 기름을 많이 써서 조리하는 뜨거운 음식이라면 젓가락으로 먹는 게 편한 데 비하여 국물이 많은 음식은 당연히 숟가락을 사용하는 것이 좋다. 이에 따라 중국·일본에서는 주로 젓가락만을 사용하는 데 비해 한국에서는 숟가락이 음식문화의 핵심적인 자리를 차지하다시피 했던 것이다. 숟가락의 효용성이 역사적으로 컸던 우리나라에서는 사람이 죽으면 "(밥)숟가락을 놓았다"고 표현하기에 이르렀다.

3장

중국의 음식문화

중국의 식문화는 재배가 용이하고 영양이 풍부한 밀 음식을 즐겨 먹고 각성을 위해 차를 많이 마시는 등 실리적 성격이 강하다. 중국의 경우 숙식문화에 걸맞게 음식을 익히기 위한 화후라는 불의 세기와 시간 조절이 특별히 강조되고, 그 결과 수많은 조리법이 등장했다. 문 중국에서는 맛과 향에 대한 뛰어난 감각과 함께, 다양한 식재료의 선택과 활용, 조미료의 배합, 칼질하는 솜씨 등 가공기술이 크게 발달하였다.

중국도 상대방을 배려하고 음식을 나눠 먹고자 하는 점에서는 한국과 다르지 않다고 볼 수도 있다. 다만 한국과 같이 음식을 정서적·정신적 소통을 위한 수단으로 인식하기보다는 실리적·합리적 목적으로 식사를 하는 편이다. 다시 말해 중국의 식문화는 재배가 용이하고 영양가가 많은 밀 음식을 즐겨 먹고 각성을 위해 차를 많이 마시는 등 실리적 성격이 강하다.

한편 주체인 인간과 객체에 해당하는 음식이나 사물의 관계에 있어 한국의 음식문화가 생식 위주 및 발효식품의 발달로 보다 자연친화적이었다면, 중국의 경우 불에 익혀 먹는 화식 즉 숙식의 음식문화라고 할 수 있다. 따라서 음식을 익히기 위한 화후라는 불의 세기와 시간 조절이 특별히 문제시되었고, 그 결과 수많은 조리법이 등장하였다.

다른 한편 객체와 객체, 상호 간의 관계에서 볼 때 중국 음식문화의 특징은 한국이 건더기에 상응하는 국물, 젓가락과 동시에 숟가락을 중시했던 것과 차이가 있다. 중국의 경우 한국에 비해 맛과 향에 대한 뛰어난 감각과 더불어 풍부한 식재료의 선택과 활용, 조미료의 배합, 칼질하는 솜씨 등 가공기술의 발달을 들 수 있다.

1. 건강과 실리가 먼저다

한국의 음식문화가 인정이나 예절 등 인성적인 것에 좀 더 비중을 두는 데 비해 중국의 음식문화는 비교적 실제 생활, 즉 현실적인 것에 가깝다고 할 수 있다. "千死敢當 一飢難忍(천 번이라도 죽을 수야 있지만 살아서 굶주림은 견디기 어렵다)"과 "佛在心頭 坐 酒肉腑腸過(불심을 마음에 지니고 있다면 술이나 고기를 먹어도 무방 하다)", "天不打吃飯的人(하늘도 밥 먹는 사람은 건드리지 않는다)"이라 는 속담들을 보면 식욕을 피하거나 숨기지 않는 중국인의 모습 을 떠올릴 수 있다.

앞에서도 언급되었지만 춘추시대 정치사상가 관중(B.C. 725~B.C. 645)이 "民以食爲天(백성은 먹는 것을 하늘처럼 섬긴다)"(『한서』, 酈食其傳)이라고 했던 것도 이와 무관하지 않다. 지금도 중국인들은 자기 나라를 '요리의 천국'이라고도 부른다. 먹는 것을 제일로 치는 중국인들이야말로 실속이 있다고 여기게 하는 대목이다. 심지어 인간 생활의 기본 조건인 '의식주(衣食住)'가 그들의 사고 속에서는 '식의주(食衣住)'일 정도로 식생활에 큰 비중을 둔다. 안정적인 일자리를 뜻하는 '철밥통(鐵飯碗)'이란 단어에서도 알 수 있듯이 중국인의 의식 속에 일터는 곧 먹을거리를 제공하는 곳이다.

물론 중국은 이제 국내 총생산이 세계에서 손꼽히는 경제 대국이 되었다. 하지만 1인당 GDP는 아직 세계적으로 하위권에 있다고 할 것이다. 그러므로 생각하기에 따라서는 인구가 많은 중국에서는 먹을 것이 가장 큰 걱정거리라 할 수 있다. 10여 년 전 원자바오(溫家寶, 1942~) 총리는 "중국은 13억의 인구를 먹여 살리는 것만으로도 세계에 공헌하고 있다"고 말한 적이 있다. 경제적·사회적 수준이 높지 않은 이유가 꼭 땅이 넓고 인구가 많아서만은 아닐지 모르지만, 중국에서 먹을 것이 문제임에는 틀림없고 따라서 음식문화가 현실적·실용적 성격을 띠는 것은 당연하다고 하겠다.

한국 속담에 "식사 때가 아닌 음식은 먹지 않는다"고 하는 데 비해 중국 속담에서 "三餐不合理 健康遠離你(하루 세끼를

규칙적으로 먹지 않으면 건강과 멀어진다)"라고 건강을 위해 식사를 규
칙적으로 해야 한다고 사실적으로 말하는 것도 예사롭지 않으
며 "三餐不過飽 無病活到老(하루 세끼 과식하지 않으면 무병장수할 수
있다)"라고도 했다. 또 한국 속담에서 "빨리 먹는 음식에 목멘
다"라고 하는 것에 비해 중국 속담에서 "吃得慌 咽得忙 傷了胃
口害了腸(식사할 때 급히 먹고 음식물을 빠른 속도로 삼키면 위에 해로울
뿐만 아니라 장에도 상처를 입을 것이다)"이라고 구체적으로 표현하는
것도 마찬가지다.

　　이 같은 건강과 장수를 위한 실리적인 사고와 생활에 대
한 관심의 집중으로 중국에는 밀가루 음식이 매우 발달했다.
즉 밀가루 반죽을 길게 늘였다는 뜻의 국수인 미엔티아오(麵條)
와 (물)만두라 할 수 있는 자오쯔(餃子)를 비롯하여 찐빵이라 할
수 있는 만터우(饅頭), 고기만두라 할 수 있는 바오쯔(包子) 등 다
양한 종류를 들 수 있다.

　　중국은 대략 4,000년 전에 세계 역사상 처음으로 국수
를 만들어 먹은 나라이다. '국수의 나라'로 불릴 만큼 중국에는
국수 요리만도 만 가지가 넘는다고 한다. 중국의 국수는 우리
와 달리 기념해야 하는 날뿐만 아니라 오랫동안 남녀노소 가릴
것 없이 밤낮으로 어디서나 즐기는 간식이자 주식이 되어 왔
다. 국수는 오래 살고자 하는 실리적인 욕구와 손님에게 오래

머물기를 권하는 현실적인 중국인의 의식을 잘 반영하는 가장 대중적인 음식이다. 중국 사람들은 국수를 통해 자신의 건강과 자손의 번창은 물론 모두의 평안한 삶을 기원한다. 특히 사랑하는 사람과 다시 만나 기쁨을 함께하고 더 이상 이별이 없기를 바라는 의미를 내포한 음식이 국수다.

중국 궁중요리의 완결판이라는 만한취안시(滿漢全席)에서 빠뜨릴 수 없는 요리가 창쇼우미엔(長壽麵)인데, 이 창쇼우미엔에는 메추리 알 반쪽을 넣어 해와 달처럼 부모님이 오래 사시길 바라는 소망이 담겨 있다. 국수를 좋아하는 중국에는 국수 요리 솜씨를 결혼 조건으로 내거는 풍습이 지금까지 내려오는 지역도 있다. 허난성(河南省) 북부지역의 신부들은 시집을 가면서 반드시 통과의례를 거쳐야 하는데, '쓰토우(試刀)'라 하여 시집 식구들을 위해 칼국수를 만들어 대접해야 한다. 또 우리가 결혼식 자체에 비중을 두는 데 비하여 중국은 먹는 것을 중시하는 나라답게 하객을 접대하는 음식점에 더 신경을 쓰는 편이다.

국수는 면을 만들고 조리하는 방법에 따라 종류가 다를 수 있다. 가령 손으로 두드려 좌우로 뽑는 라미엔(拉麵), 눌러 뽑는 야미엔(壓麵), 봉으로 넓게 밀어 만드는 간미엔(擀麵), 철판으로 면발을 떠내는 따오샤오미엔(刀削麵), 칼로 썰어서 금방 삶아 내는 치에미엔(切麵), 볶아서 만드는 차오미엔(炒麵), 면발을 걸쳐 놓아 말렸다가 만드는 꽈미엔(挂麵), 국물에 담아내는 탕미엔(湯麵) 등이 있다. 대개 국수의 재료는 밀가루지만 쌀로 만든 미시엔(米麵), 전분으로 만든 펀쓰(粉絲) 등도 있다.

예전에 중국은 가족 중에 누군가 돈을 벌기 위해 먼 곳으로 떠나는 일이 잦았다. 홀로 외로이 헤어져 있어야 하는 이를 위해 평안을 기원하며 정성껏 (물)만두를 빚었다. 특히 만두를 빚는 사람은 무엇보다 마음속으로 일하러 나간 가족이 집으로 돌아올 때까지 굶지 않게 해 달라, 장사가 잘되게 해 달라, 무사히 잘 돌아오게 해 달라 빌었을 것이다. 이처럼 가족들의 현실적인 건강과 사랑과 근심과 당부가 녹아 있는 음식이 만두다.

앞에서도 잠깐 언급되었듯이 우리가 말하는 (물)만두를 중국에서는 자오쯔라고 한다. 그리고 만터우는 속이 비어 있는 찐빵 같은 것으로, 중국 북방의 광범위한 지역에서 주식으로 삼는 음식이다. 만터우와 함께 북방지역에서 주식으로 삼았던 워터우(窩頭)는 밀가루가 아닌 옥수수나 수수 가루를 반죽해 원추형으로 빚어낸 것이다. 고기만두라 할 수 있는 바오쯔는 중국인들이 아침 식사나 간식으로 즐겨 먹는 왕만두로서 무엇보다 140여 년의 전통을 가진 티엔진(天津)의 거우부리(狗不理)가 잘 알려져 있다. 바오쯔 중에서 크기가 작은 샤오롱바오(小籠包)

는 매우 대중적인 아침 식사 음식으로 저장성(浙江省)의 항저우(杭州)와 상하이의 샤오롱바오가 가장 유명하다.

중국에서는 이렇듯 수많은 종류의 국수와 물만두와 찐빵 등을 즐겼을 뿐만 아니라 소비와 향유를 가능하게 할 만큼 그것들의 재료인 밀의 재배가 현실적으로 용이했다. 특히 밀은 비교적 건조한 기후의 북방지역에서 오랜 세월 경작되어 왔다. 대개 낱알째로 조리되는 곡물과 달리 밀은 단단하지 못한 속성 때문에 일찌감치 가루 형태의 분식 문화로 발전·확산되어 왔다.

탄수화물이 많은 밀가루 음식에는 '세로토닌'이 다량 함유돼 있는데, 이 세로토닌이 뇌에서 진정 효과를 발휘할 때 마음이 편해지면서 스트레스가 풀린다. 또한 밀에는 칼슘, 인, 철분, 비타민 B1·B2가 다량 포함되어 있어 여러 가지 곡물 성분과 분자가 결합할 때 피부 노화 방지 및 미백 작용을 하는 한편 가슴이 화끈거리고 답답하면서 열이 오르거나 갈증이 나는 것도 없애 준다. 더위로 인해 허약해진 기력을 충전시켜 준다고 하여 "頭伏餃子 二伏麵 三伏燒餅鷄蛋(초복에는 물만두를 중복에는 국수를 말복에는 계란으로 만든 밀전병을 부친다)"라는 속담이 있을 정도로 중국인들이 밀가루 음식을 널리 즐겼음도 알 수 있다.

한국에서는 국수는 잔칫날에나 먹고 수제비는 양반이

즐겼다고 하는 만큼 밀이 잘 재배되지 않았다. 밀은 삼국이 성립되던 시기에 중국으로부터 도입되었으나 기후 때문에 주 작물이 아니었다. 국수는 고려 때, 송에서 들어온 음식으로서 의례에서는 쓰이지 않다가 나중에는 제사 때도 상에 올렸다. 고려 때 사신으로 왔던 송의 서긍(1091~1153)이 자국에 돌아가서 쓴 글에서 "잔치 때는 면을 성찬으로 하는데, 밀가루가 부족하여 베이징으로부터 수입하므로 비싸다"(『선화봉사고려도경』 권22, 향음)고 한 바 있다. 조선시대에도 국수는 주로 정월 대보름을 비롯하여 혼례·생일 등 잔칫날에 먹을 수 있는 특별한 음식이었다. 수제비는 6·25전쟁을 겪은 서민층에게는 굶주림과 함께 연상되는 추억의 음식이다. 일찍이 530~550년 사이에 중국에서 지은 『제민요술』에는 '박탁(餺飥)'이라는 이름으로 나오는 오래된 음식으로 통일신라를 전후해서 한국에 들어왔다고 본다.

중국의 음식은 장강(양쯔강)을 기준으로 하여 북방 음식과 남방 음식으로 구분되어 있다. 남방은 강과 그에 따라 발달한 비옥한 평야로 인하여 예로부터 쌀과 생선이 풍부하다. 남방의 주식은 자연히 쌀이며 생선과 조개 등 해산물이 풍부하고 육류로는 닭고기와 오리고기가 고작이라 할 수 있다. 이에 비해 북방은 주로 소, 돼지, 양, 말고기 등 다양한 육류에다 국수, 만두, 자장면 등의 밀가루 음식을 비롯하여 콩, 고량(수수), 옥수

수를 주식으로 하고 있다. 특히 중국의 북방 사람들은 우리의
국수에 해당하는 '미엔티아오(麵條)'를 많이 먹는다.

① 上車餃子 下車麵. / 起腳餃子 落腳麵.

　차를 타기 전에는 만두를 먹고 내린 후엔 국수를 먹
　는다. / 발이 올라갈 때(출발할 때)는 만두를 먹고 발이
　내려올 때(도착할 때)는 국수를 먹는다.

② 冬至餛飩 夏至麵. / 公要餛飩 婆要麵.

　동지에는 만두를 먹고 하지에는 국수를 먹는다. / 남
　편은 만두를 원하고 부인은 국수를 원한다.

③ 大年初一吃餃子 沒外人.

　새해 초에 만두를 먹는 데는 바깥사람은 없다(가까운
　사람이다).

　중국은 세계에서 밀 음식이 가장 발달한 나라로, 밀가루
음식의 종류는 수백여 종이나 된다. 첫 번째 속담부터 예사롭
지 않게 느껴지는 것은 한국에서도 만두와 국수를 즐겨 먹기는
하지만 이런 속담은 없기 때문이다. 말하자면 언제 어디서나
쉽게 먹을 수 있는 음식들일지라도 그 사회적 의미만큼은 다를
수 있으며 역사적으로도 시사하는 바가 크다. 즉 시대와 사회

변화의 산물인 속담이 제시하는 중국의 음식문화를 통해 중국인들의 생활과 의식을 쉽게 엿볼 수 있다.

중국의 국수 역사는 산시(山西)에서 시작되었다고 하는데, 산시성의 연평균 강수량은 600mm 이하로 적어 이 지역에서는 쌀농사보다는 밀, 수수를 많이 재배했고 이런 밀과 수수를 이용한 국수 문화가 빨리 발달할 수 있었다. 또한 산시성은 중국의 최대 석탄 매장지역으로 풍부한 석탄을 이용해서 뜨거운 불에 맛있는 국수를 끓여낼 수 있었다. 산시성에는 국수를 만드는 면의 재료, 면발을 깎는 도구의 종류, 국수에 들어가는 소스, 소스를 만드는 방법에 따라 국수의 종류가 400여 가지에 달한다. 어깨나 손에 반죽을 올리고 철판으로 재빠르게 면발을 잘라 내는 따오샤오미엔(刀削麵)이나 면발을 길게 한 가닥으로 뽑아 내는 이껀미엔(一根麵)은 산시성을 대표하는 면 요리인데, 면을 뽑아 내는 과정이 하나의 공연이다. 특히 창쇼우미엔(長壽麵)이라고도 부르는 이껀미엔은 산시성의 유명한 전통음식이다. 이껀미엔은 이름 그대로 국수 한 가닥의 길이를 원하는 대로 늘릴 수 있는데, 2012년에는 국수 한 가닥의 길이가 300m나 되는 이껀미엔 제조 과정이 TV를 통해 방영된 바도 있다.

이 밖에도 국수는 쓰촨성(四川省)의 단단미엔(担担麵), 베이징의 자장미엔(炸醬麵), 간쑤성(甘肅省) 란저우(蘭州)의 뉴로우미엔(牛肉麵), 산시성(陝西省) 치산(岐山)의 사오즈미엔(臊子麵) 등이 잘 알려져 있다. '지게를 지고 다니며 팔던 국수'라는 단단미엔은 매콤한 맛이 특징이다. 자장미엔은 삶은 콩과 오이 등 여러 채소와 춘장으로 비벼서 먹는 국수다. 후이족(回族)이 만드는 란저우 뉴로우미엔은 일반 중국의 국수와 달리 쇠고기 육수를 사용한다. 중국 주나라 첫 번째 수도였던 치산의 사오즈미엔은 다진 돼지고기를 볶아 만든 국물을 사용하는 게 특징인데 치산사람들은 생일이면 반드시 장수한다는 의미의 사오즈미엔을 먹는다.

청의 광서제(재위 1874~1908) 때 만들어졌다는 윈난의 궈챠오미시엔(過橋米線)이 쌀국수로 유명한데, 과거시험 준비를 하던 남편이 쌀국수를 좋아하여 부인이 매일 긴 다리를 건너다니며 식지 않는 닭고기 국물에 따뜻한 쌀국수를 먹을 수 있게 했다는 일화를 지닌 국수다. 지금도 윈난성의 쿤밍(昆明)에는 많은 궈챠오미시엔 전문점이 있어 관광객들로 붐빈다. 푸젠성(福建省) 싱화(興化)의 눈처럼 희고 가는 쌀국수는 동남아에서도 그 명성이 자자하다.

첫 번째와 세 번째 속담에서 언급되는 자오쯔라는 중국의 물만두는 평소에는 먹기 어려운 맛있는 음식이었다. 중국에 "好吃不如餃子(아무리 맛이 좋은 것이라도 물만두만 못하다)"라는 속담도 있다. 자오쯔를 얼마나 소중한 음식으로 인식했는지를 가늠하게 한다. 중국에서 자오쯔를 대단히 귀한 음식으로 여긴 것은 삼국시대 제갈량(181~234)과 장중경(150~219)의 속설로도 짐작할 수 있다. 이야기들에서 자오쯔는 모두 사람의 생명을 구한 음식으로 묘사된다. 앞에서도 말했듯이 가족 중 한 사람이 멀리 떠나는 일이 생기면 자오쯔를 빚어 행운을 빌었다. 또한 명절이나 경사스러운 일이 있을 때 자오쯔를 먹었다. 새해가 밝을 때에도, 제사를 지낼 때에도 자오쯔를 먹는 중국인들의 행동을 통해 그들의 시대별 생활상을 엿볼 수도 있다. 자오쯔는 간단한 요깃거리의 하나로 예나 지금이나 가격의 부담도 적어 널리 사랑받는 음식이다.

세 번째 속담은 가족의 평안과 행복을 기원하는 뜻이다. 한국에서 새해가 되어 설음식으로서 쌀로 빚은 떡국을 먹는 것처럼 중국에서는 새해를 맞아 특별히 춘지에(春節) 음식으로 자오쯔를 먹는다. "誰家過年不吃餃子(새해를 맞아 자오쯔를 안 먹는 집이 있는가)"라는 속담마저 있다. 흩어졌던 가족들이 모두 모여 함께 식사를 하며 일 년 내내 탈 없이 건강하기를 바라는 의미가 부각된다. 자오쯔는 밀가루를 반죽하여 칼로 작게 썰어 납작하게 민 다음 소를 넣어 만든 음식이다. 특히 녠예(年夜)라고 하는 섣달 그믐날 저녁에 중국에서는 집집마다 가족이 모여 자오쯔를 만들었다. 자오쯔를 빚어 밤 12시인 자시(子時)가 바뀌는 때인 교자(交子)되는 시간에 먹는 음식이 바로 자오쯔(餃子)인 것이다. 중국의 풍습에 자오쯔는 소를 만드는 과정과 소를 싸는 형태로부터 먹는 과정에 이르기까지 많은 의미를 가지고 있다. 자오쯔의 명칭은 소에 들어가는 내용물에 따라 다양한 이름이 붙는다. 한국인의 입맛에 가장 잘 맞는 자오쯔는 부추와 돼지고기를 다져 넣은 것이라 할 수 있다.

자오쯔의 모양도 깊은 뜻을 지니고 있다. 대다수 지역에서는 보통 반달 모양으로 만들기를 좋아한다. 어떤 가정에서는 반달로 만든 자오쯔를 다시 돈을 많이 벌라는 축복의 의미로 옛 화폐인 위안바오(元寶) 모양으로 만들어 납작한 그릇에 차례로 세워 놓는다. 농촌에서는 자오쯔를 밀 이삭 모양으로 만들기도 하는데, 알차게 여문 밀 이삭은 풍년을 상징하기 때문이다. 실크로드의 출발지이자 세계화의 거점 도시였던 3,000년 역사를 지닌 시안(西安)에 가면 대략 200여 가지 모양의 자오쯔가 있다고 한다. 중국에서는 한 해를 시작하는 춘지에를 지난 한 해를 마감한다는 뜻의 '꿔녠(過年)'이라고도 하는데, 만두집 창문에 쓰인 "天天過年"이라는 문구는 자오쯔를 먹음으로써 '날마다 춘지에를 쐴 수 있다'는 뜻을 표출하고자 한 말일 것이다.

두 번째 속담에 나오는 훈툰(餛飩)은 자오쯔와 다르다. 그러나 훈툰과 자오쯔는 중국에서 내려오는 문헌들에서조차 서로 바뀌어 기록될 정도로 비슷하다. 속담에서 보듯 중국인들은 동짓날이 되면 반드시 훈툰을 먹는다. 작게 빚은 자오쯔를 국물과 함께 끓여 먹는 훈툰은 중국인들의 아침 식사로 매우 대중적인 음식이 되었다. 광둥식 발음 완탕의 만다린 중국어 발음은 훈툰이다. 훈툰이라는 이름의 기원에 대해서 일관되게 나오는 것이 훈둔, 즉 혼돈(混沌)이라는 단어와의 연관성이다. 어려움이 닥치면 원수끼리 힘을 합친다는 뜻을 지닌 '오월동주(吳越同舟)'라는 사자성어는 우리에게 익숙하다. 전해지는 이야기에 따르면 와신상담 월왕(越王)의 미인계로 오왕(吳王)에게 보내진 월의 절세미인 서시(西施)가 완탕 비슷한 음식을 만들어 오왕에게 대접했고 음식의 이름을 묻는 오왕에게 조롱하는 의미로 혼돈이라고 대답했다는 것이 혼돈 명명의 첫 번째 설이다. 두 번째 설은 이 음식을 만들 때 대충 만들고 그 모양새가 볼품이 없어 혼돈이라 불렀다는 것이다. 결국 훈툰이라는 이름은 혼돈이라는 단어에서 비롯되었음을 알 수 있다. 한편 후일 훈둔(混沌)이란 단어가 변해서 음식의 부수(食)가 들어간 한자 훈툰(餛飩)으로 바뀌었다는 데 대해서는 이견이 없는 편이다.

실리적·현실적 식문화 속에서 중국에는 차가 크게 발

달했다. 중국에서는 대체로 물과 식재료가 신선하지 못해 요리를 만들 때 기름을 많이 사용했고 그 때문에 나타나는 몸의 산성화를 방지하기 위해 차를 많이 마셔야 했다.

중국에서는 "一日無茶則滯 三日無茶則病(하루라도 차를 마시지 않으면 체하고, 삼 일을 마시지 않으면 병이 난다)"이라고 했으며, "寧可三日無糧 不可一日無茶(차라리 삼 일 동안 식량이 없는 게 낫지 차는 하루라도 없어서는 안 된다)"라고 했다. 이토록 중국인은 밥은 굶어도 차는 마셔야 할 정도로 차를 매우 좋아하는 민족으로 알려져 있다. 실제로 호텔은 물론 어딜 가나 차를 마실 수 있도

조맹부, 〈투다도〉

록 뜨거운 물이 준비되어 있다. 중국 음식점에서 식사를 할 때는 늘 차가 곁들여 나오는데, 중국인의 일상생활에서 빠뜨릴 수 없는 음식이 바로 차이다.

세계 최초로 차 전문서적 『다경(茶經)』을 편찬했고 다신(茶神)이라 추앙받았던 육우(陸羽, ?~804)에 따르면 중국인들은 신농 시대부터 차를 마셨다(『다경』). 고대 전설에 따르면 신농이 여러 가지 풀을 맛보다가 72가지의 독이 몸에 퍼졌는데 차로써 해독했다고 하는 기록(『회남자』, 수무편)도 있다.

차 문화의 발달은 무엇보다 불교와 밀접한 관련이 있다. 중국 선종의 역사에서 가장 많은 화두를 남긴 것으로 유명한 당나라 때의 고승인 조주(趙州) 선사는 "어떻게 선(禪)을 해야 하느냐?"고 묻는 사람들에게 "끽다거(喫茶去)" 즉 차나 한 잔 마시고 가라는 화두를 던졌다. '명선(茗禪)' 또는 '다선일여(茶禪一如)'라 하여 차의 경지와 선의 경지가 같다고도 한다. 차를 마시는 것과 마음을 닦는 일이 그만큼 통한다는 뜻이다. 중국 선종을 창시한 달마 선사가 소림굴에서 9년의 면벽수도 중 졸음을 쫓기 위해 뽑아 던진 눈썹이 다음 날 차나무로 변해 있었다는 일화도 차 마시는 것이 곧 수행임을 말하는 것이리라. 요컨대 차의 성쇠는 불교 문화와 때를 같이했다.

역사적으로 차가 일상화되는 데도 불교의 영향이 컸

다. 정신을 맑게 한다 하여 승려들은 차를 즐겼고 불교가 번성한 당나라 때는 차 문화가 사회로 확산되면서 차는 민간에서 즐겨 마시는 대중 음료가 되었다. 한국의 역사학자 최남선(1890~1957)도 차는 인도 원산의 식물이요, 그 떡잎을 따서 달여 먹는 버릇도 본래 남방에서 시작한 것이라 하면서 중국에서는 당나라 때부터 차가 성행하여 거의 천하를 풍미했다(『조선상식문답』)고 말한 바 있다. 한국에 차가 전래된 것도 이 시기이다. 신라 흥덕왕 3년(828) 당나라에 사신으로 갔던 김대렴이 차나무를 들여와 지리산 일대에 심었고 진감 선사가 이를 널리 보급함으로써, 그때부터 차 마시는 풍속이 성행했다(『삼국사기』). 그곳은 현재 쌍계사와 칠불암을 중심으로 한 하동군 일대를 말하는데 현재도 국내에서 생산되는 차의 절반 이상이 여기서 난다.

불교 유입과 함께 중국에서는 술 대신 차를 마시면 건강하게 오래 살 수 있다고 생각했음이 분명하다. 왕비의 혼수에 젓갈이 들어갔던 한국과 달리 중국은 공주가 시집갈 때 차를 가지고 갔다. 송나라 때는 신랑 집에서 신부 집에 보내는 예물을 '차리(茶禮)'라 하고 신부 집에서 예물을 받는 것을 차를 마셨다는 뜻의 '츠차(吃茶)'라고 했다. 지금도 중국의 많은 농촌 지역에서는 약혼하는 것을 일컬어 차를 받았다는 뜻의 '쇼우차(受茶)'라고 한다. 차는 술과 달리 인간의 각성을 촉구하는 음료이다. 술이 사람의 정을 이끌어 내는 데 큰 기능을 하는 데 비하여, 차는 사람으로 하여금 이성적 판단과 행동을 하도록 돕는다. 중국 속담에서도 "好茶一杯 精神百倍(좋은 차 한 잔은 정신을 백배 맑게 한다)"라고 했으며, 시서화의 삼절로 불렸던 조선 후기의 유학자 신위(1769~1845)도 시문에서 "차를 마시면 사람의 정신을 환하게 한다"고 했다.

　　중국인들이 생활 속에서 차를 즐기는 데는 실리적·현실적인 이유가 큰데, 이런 각성 효과도 주요 원인이 된다. 카페인 성분이 있어 잠을 쫓고 머리를 맑게 해 줄 뿐만 아니라 위에서도 언급했듯이 차는 갈증을 해소시키고 탄닌 성분이 위장의 소화를 돕는다. 차는 다이어트에도 효과가 있고 니코틴을 희석시키며 각종 비타민이 들어 있어 암 예방에도 효과적이다. 특히 차에는 비타민이 많이 들어 있는데 이는 콜레스테롤을 저하시키는 작용을 함으로써 심장병과 고혈압 치료에 긍정적인 영향을 미친다. 이와 같이 차는 정신적으로나 육체적으로 사람의 건강에 크게 도움을 준다.

　　확실히 중국인은 밥보다 차를 더 좋아한다고 볼 수 있다. 차 전문가였던 송의 소동파(1038~1101)는 "何須魏帝一丸藥 且盡盧同七碗茶(위나라 문제의 환약이 무슨 소용 있으리 / 노동의 차 일곱 사발이나 다 마시려네)"(『소식시집』)라고 하여 차 마시는 것이 약을 먹는 것보다 몸에 더 이롭다고 했다. 차는 건강에 좋을 뿐만 아니라 수명도 연장시킨다. 청의 건륭황제(재위 1736~1796)는 은퇴한 후에 궁궐에 묻혀 천하의 명차를 마시며 88살까지 살았다.

"客來敬茶(손님이 왔을 때 차를 대접한다)"라는 속담이 있듯이 중국에서 누군가를 만나게 되면 흔히 손님을 맞는 습속에 따라 따뜻한 차를 내놓는데, 잔에 찻잎을 넣고 뜨거운 물을 부어 마시게 된다. 다관(茶罐)에 차를 우려서 잔에 따라 마시는 복잡한 절차를 거치지 않고 바로 마시는 것도 중국 차 문화의 특징 가운데 하나라고 한다. 일본의 다도처럼 엄격한 규칙이나 에티켓은 별 필요 없다. 중국인들이 손님에게 적극 차를 권하는 것은 우선 손님에 대한 주인의 열정적인 접대와 성의를 표시하는 것이다. 형식적인 예의보다는 진정 어린 마음의 표시를 귀하게 여기는 중국인들의 실용주의적 사고의 일단을 보게 된다.

베이징에 있는 찻집 라오서차관(老舍茶館)이 세계적으로 유명한 것도 당연하다는 생각이 든다. '라오서(老舍)'라는 호를 지닌 슈칭춘(舒慶春, 1899~1966)은 「차관(茶館)」이라는 극을 비롯하여 「낙타샹즈(駱駝祥子)」, 「쓰스통탕(四世同堂)」 등의 작품을 남긴 작가로 알려졌다. 인력거꾼 샹즈의 인생역정을 다룬 그의 대표작 「낙타샹즈」는 우리나라에서도 번역된 바 있다. 중국의 전통 공연을 보면서 차를 마시는 라오서차관에는 외국인들이 더 많다. 내가 찾아갔을 때도 공연 식순에 따라 맨 먼저 차 소개가 있었다. '쩐산인쩐(珍山銀珍)'이라는 차는 중국에서 가장 비싼 차라 했고, 바이차(白茶)는 푸젠성의 차며, 다포롱징(大佛龍井)은 미용과 보건에 좋다고 했다. 윈난성의 푸얼차(普洱茶)는 다이어트에 좋고, 타이완의 진차(金茶)는 암을 방지하며, 안후이성의 치면(祁門) 홍차는 세계 3대 홍차로서 중풍을 예방한다고 했다. 오방색으로 예쁘게 옷을 차려입은 여인들이 나와 중국의 차를 홍보하였다.

① 茶爲萬病之藥. / 茶水喝足 百病可除.

차는 모든 병을 치료할 수 있다. / 차를 충분히 마시면 백 가지 병을 이겨 낼 수 있다.

② 喝酒傷身 喝茶養身.

술을 마시면 몸이 상하고, 차를 마시면 몸이 좋아진다.

③ 早茶一盅 一天威風 午茶一盅 勞動輕鬆 晚茶一盅 提神去痛.

아침에 차를 마시면 하루 종일 위풍당당하고, 정오에 차를 마시면 일하는 것이 즐겁고, 저녁에 차를 마시면 정신이 들고 피로가 가신다.

위 여러 속담을 통해서도 분명히 알 수 있듯이 중국인들이 차는 즐겨 마시는 이유는 차가 정신이 들게 할 뿐만 아니라 몸에 좋기 때문이다. 차는 적당하게 마시면 신경 계통을 자극하여 정신을 맑게 하고 신체를 건강하게 하며, 혈액의 흐름을 왕성하게 한다. 또한 자양을 도와서 근육을 튼튼하게 하고 동맥관의 기능을 양호하게 한다. 특히 녹차 속에는 비타민 C가 풍부하게 함유되어 있어서 스트레스 해소, 동맥경화의 예방 및 치료, 혈전 형성의 억제, 발암의 억제 작용 등 우리 몸에 매우 중요한 기능을 한다.

특별히 몸의 건강을 위해 차를 마셔야 하는 이유가 있을까. 차를 마실 수밖에 없는 배경을 보면 앞서 말했듯이 무엇보다 중국은 수질이 나쁜 편이며, 기름기 많은 음식을 먹기 때문이라 할 수 있을 것이다. "炒菜要油 作田要牛(재료를 볶을 때는 기름이 필요하고, 밭을 갈 때는 소가 필요하다)"라는 속담이 있을 정도이다.

조선의 세종대왕(재위 1418~1450)마저 "중국 사람들은 누구나 기름과 고기를 많이 먹기 때문에 차를 마셔 기운을 내려야 한다"(『세종실록』)고 지적했던 바와 같이, 중국은 기름지게 먹는 식생활 습관 때문에 차가 발달하였다. 중국 식당에서 제공하는 얇은 비닐장갑을 끼고 기름이 좔좔 흐르는 새우튀김을 게걸스럽게 뜯어 먹는 경험도 쉽게 할 수 있다. 중국의 훠궈를 먹는데도 우리의 샤브샤브와 다르게 고기를 건져 먹는 냄비에 물이 아니라 진한 기름이 가득 들어 있다. 이렇게 기름기 많은 음식에 의한 몸의 산성화는 정서불안, 만성피로, 소화불량 등 건강을 해칠 수 있기에 중국인들은 차를 마셔서 중화시키는 것이다. 차에는 카페인과 함께 각종 알칼리성 성분이 많이 들어 있기 때문이다.

물론 중국이 요리를 만드는 데 기름을 많이 사용하게 된 원인은 건조한 기후 때문이라고 할 수 있고, 재료가 신선하지 않은 것도 한 이유라 하겠으며, 음식의 보존 기간을 늘리기 위한 것 등 다양한 원인이 있겠으나 무엇보다 수질의 오염이 가장 큰 원인이라 할 수 있다.

베이징에 사는 사람들의 말을 들어 보면 중국의 물이 안좋다는 것을 실감할 수 있다. 머리를 감아도 늘 개운치 않은 편이고, 설거지를 하고 나면 물때가 심하게 낀다고 한다. 이 정도는 아무것도 아니다. 중국의 물은 석회질이 많아 그냥 물을 마실 경우 물속의 불순물이나 독성이 그대로 몸에 쌓여 각종 질병을 부르므로 차를 자주 마심으로써 소화와 배뇨 기능을 활성화시켜 건강을 유지한다는 것이다. 실제로 중국에 있을 때 사서 먹는 물인데도 그 물을 끓이는 커피포트에 늘 하얗게 석회가 끼는 걸 보면서 역시 물의 오염이 심각함을 느낄 수 있었다.

아무리 커피포트를 깨끗이 닦아도 소용이 없었다. 금방 다시 석회가 생겼기 때문이다.

수년 전 『중국경제주간』은 중국의 7대 강에 흐르는 물의 절반이 공업용수로도 쓸 수 없으며, 수자원의 1/3을 차지하는 전국 지하수의 90%가 오염됐고 그중 60%는 오염 정도가 심각하다고 밝힌 바 있다. 중국 문명의 젖줄이었던 황하는 말라붙어 최악이며, 장강마저도 70% 이상이 이미 마실 수 없는 수질이 되었다. 1인당 수자원 양은 미국의 5분의 1에 불과해 6억 명 이상이 식수 부족에 시달린다. 특히 장강 이북의 베이징을 비롯하여 선양(瀋陽), 지난(濟南), 시안(西安), 란저우(蘭州) 등을 포함하는 지역이 물 부족으로 고생하고 있다. 중국의 환경오염은 만성적 현상으로 자리 잡은 지 오래다. 세계은행은 2007년 초에 수질 오염에서 비롯된 질병으로 중국인 60,000명이 숨지는 것으로 추정 보고한 바 있다.

차는 차나무의 어린잎을 달이거나 우린 물을 말하는데, 차는 찻잎의 채취 시기 또는 가공방법 등에 따라 다양한 종류로 나눌 수 있다. 찻잎을 따는 시기에 따라 차는 우전·곡우·입하차 등으로 구분되며, 언제 딴 찻잎으로 만드느냐에 따라 품질이 결정된다. 특히 비가 내리고 본격적인 농사가 시작되는 곡우(양력 4월 20일쯤) 이전에 따는 첫물차는 '우전(차)'이라고 해서 맛과 향이 가장 뛰어나 더욱 귀한 대접을 받는다. 그 밖에 찻잎을 따는 시기와 찻잎의 크기에 따라 세작, 운작, 선작으로도 분류한다. 찻잎은 모양이 가늘고 광택이 있는 게 좋으며 손으로 쥐어 봐 단단하고 무거운 느낌이 드는 것이 상품이다.

차나무에서 따낸 잎은 보통 인공적으로 가열하여 말린다. 그러므로 발효 정도에 따라 불발효차, 반발효차(부분발효차), 발효차로 나누기도 한다. 불발효차는 잎을 화열 또는 증기로 가열해서 발효를 막고 타닌 성분이 효소에 의해 산화되지 않도록 하여 녹색을 유지시키는 것으로 뤼차(綠茶)가 유일하다. 불발효차를 뤼차로 부르는데, 우리가 녹차라 하는 이 뤼차는 익히는 방식에 따라 가마에서 볶아 내 손으로 덖고 비비는 덖음차(부초차)와 시루에서 쪄내는 증제차가 있다. 중국의 뤼차는 찻잎을 가마솥 화열로 볶으며, 일본 료쿠차(綠茶)는 찻잎을 증기로 찌는 데 비해 한국은 찻잎을 볶는 것과 함께 뚜껑을 덮어 열기로 찌는 절묘한 공정을 고안했다. 증기로 찐 차는 쉬이 우러나고 카페인의 자극성이 강하며 떫은맛이 있으나 화열로 볶은 덖음차는 달고 부드러운 맛이 난다. 더운 지역에 사는 남방인들은 차가운 성질의 뤼차를 주로 마신다. 뤼차로는 청나라 때 황실에 진상했다는 항저우(杭州)의 롱징차(龍井茶)를 비롯하여 쑤저우(蘇州)의 비뤄춘(碧螺春), 쓰촨성과 안후이성의 마오펑차

(毛峯茶)가 유명하다.

반발효차는 잎을 햇볕에 노출시켰다가 그늘에서 말려 시들게 하여 성분의 일부를 산화시킨 다음 좋은 향기가 풍길 때 가마솥에 넣고 볶는다. 중국을 대표하는 차로 가장 흔한 칭차(青茶)라는 것이 있는데 칭차는 자연 발효시킨 후 가열하는 반(半)발효차로 우롱차(烏龍茶)라는 이름으로 더 알려져 있다. 반발효차에는 우롱차와 화차(花茶)가 있는데, 우롱차는 60~70% 발효되며, 화차는 15~20% 발효된다. 우롱차는 약간 떫은맛이 나지만 입안의 기름기를 없애 주므로 기름진 중국 요리를 먹은 후에 마시면 입안이 깨끗해진다. 선물용으로는 최고 품질의 테관인차(鐵觀音茶)가 좋다. 특히 푸젠성 남쪽의 안시현(安溪縣)에서 나는 우롱차의 일종인 안시테관인(安溪鐵觀音)과 푸젠성 우이산(武夷山)에서 나는 우롱차의 하나인 우이옌차(武夷岩茶)는 10대 명차에 들어간다.

강력한 냄새를 풍기는 음식에는 자스민과 같은 화차가 제격이며, 자스민차는 마신 뒤 찻잎으로 얼굴에 20분 정도 팩을 하면 주름살이나 여드름 제거에 효과적이다. 일반인들은 기름이 철철 흐르는 느끼한 음식을 먹으면서 저렴한 화차를 즐겨 마신다. 국화, 라벤더, 캐모마일, 자스민 등의 꽃으로 만든 화차는 맛과 향기가 좋을 뿐만 아니라 호르몬 불균형 해소, 생리통 완화, 다이어트 효과 등으로 각광 받고 있는데, 가장 널리 알려진 것이 자스민차이다. 봄에는 특히 양기를 보충하기 위해 화차를 마시는 게 좋다. 자스민차는 은은한 향이 있고 맛도 좋으며 혈압에도 좋다.

발효차는 찻잎을 85% 이상 발효시켜 만든 차로서, 잎을 덖지 않고 볕이나 그늘에서 말려 잘 비벼서 잎 성분을 충분히 산화시킨 것이다. 발효차를 그대로 홍차로 부르는데, 대표적인 것이 안후이성 치먼(祁門)의 홍차인 치홍(祁紅)이 10대 명차에 들어간다. 홍차로는 윈난성의 덴차(磚茶)도 유명하다. 차는 거의 남방에서 생산되는데 홍차는 따뜻하여 추운 지역에 사는 북방인들에게 알맞다. '차' 하면 영국의 홍차, 일본의 녹차가 연상될 만큼 영국에서 Tea는 홍차로 통용된다. 과거에 유행하던 빛깔이 붉고 향기가 진한 홍차가 지금은 녹차에 밀리고 있는 편이다.

요즘 인기가 높은 푸얼차는 찻잎이 완전히 건조되기 전, 곰팡이 번식을 통해 다시 발효시킨다고 해서 후발효차라고 한다. 육류 섭취 후에는 소화를 잘 시켜 주는 푸얼차나 홍차 같은 강발효차가 몸에 좋다. 푸얼차는 피부 미용에도 좋고 몸 안의 기운을 돌려 주는 효과가 있어 거의 보약에 가깝기 때문에 다이어트 차로도 유명하다. 푸얼차는 발효 기간이 길수록 맛이 부드러워지고, 따라서 오래될수록 비싸다. 20년 이상 숙성한 것을 상품으로 친다. 중국의 명차는 200여 종이 넘는데, 이 푸얼차를 가장 귀하게 여긴다. 윈난성 일대에서 나는 푸얼차가 10대 명차에 들어간다. "好茶不怕細品(좋은 차는 꼼꼼히 맛보는 것을 두려워하지 않는다)"이라는 중국의 정부에서는 주기적으로 10대 명차를 발표해 중국차의 품질을 관리한다.

5세기부터 차를 마시는 민간 풍속이 생겨날 정도로 차가 일찍 발달한 중국은 넓은 땅만큼 토양과 기후가 다양해 여섯 가지 차를 자연 재배할 수 있는 유일한 곳이다. 차를 재배하고 만드는 과정을 중시해 지역마다 고유한 맛을 지니고 있다. 차의 발효 정도와 가공방법에 따라 크게 여섯 가지 종류인, 뤼차(綠茶), 바이차(白茶), 황차(黃茶), 칭차(靑茶), 홍차(紅茶), 헤이차(黑茶)로 차를 분류할 수 있는데, 발효 정도에 따라 색이 달라지는 데 따른 것이다.

중국인들은 계절에 따라 다른 차를 마시기도 하는데, 봄에는 양기를 보충하기 위해 화차를, 여름에는 더위를 식히기 위해 열과 기를 내려 주는 뤼차를, 가을에는 마음을 안정시키는 효과가 있는 우롱차를, 겨울에는 몸과 마음을 따뜻하게 해 주는 푸얼차나 홍차를 마시는 게 제격이다.

제조방법에 따라서는 차를 잎차, 떡차, 가루차 등으로

나눌 수 있다. 잎차는 차나무의 잎을 그대로 볶거나 찌거나 발효시키기도 하여 찻잎의 모양을 변형시키지 않고 원래대로 보전한 것을 말한다. 떡차는 찻잎을 시루에 넣고 수증기로 익혀서 절구에 넣어 떡처럼 찧어서 틀에다 박아 낸 고형차이다. 가루차는 잎차를 가루 내서 만들기도 하며, 시루에서 쪄낸 떡차를 그늘에서 말린 다음 가루를 내어 만들기도 한다. 잎차를 가루 내서 만든 가루차는 일본의 것이고 떡차를 가루 내서 만든 가루차는 한국의 전통적인 것이다.

차의 발상지인 중국에는 차의 종류가 약 2,000종인데 그중 90%가 덖음차, 즉 뤼차이며, 우롱차를 비롯하여 자스민차가 유명하다. 한국의 차도 덖음차라 할 수 있는데, 좋은 것은 아홉 번 덖어 은은한 연갈색에 연한 푸른빛이 돌며 약간 떫고 구수한 배냇향이 난다. 일본 차는 찐 차라 하겠는데 찐 차는 물에 불리면 녹색이 되므로 '료쿠차[綠茶]'라 하며, 한국 고유의 연갈색과는 다르다. 사실 녹차라는 말은 일본의 찐 차를 말하는 것으로 최근에 등장한 이름이다. 일본의 대표적인 차로는 잎차인 센차[煎茶]와 가루차인 맛차[抹茶]를 들 수 있는데, 끝 맛이 깨끗한 센차는 일본 차의 약 80%를 차지한다. 한국 차는 맛으로, 일본 차는 빛깔로 마시는 데 비해 중국 차는 향으로 마신다고 할 만큼 중국 차는 향을 중시하는 면이 있다.

2. 화식(숙식)이 필수다

＿＿＿＿프랑스의 인류학자 클로드 레비스트로스(Claude Levi Strauss, 1908~2009)는 한국 음식은 '발효의 맛'이라 하면서 중국 음식의 특징은 '불의 맛'으로 정의했다고 한다. 중국 음식문화의 특징 가운데 중요한 것 중의 하나는 불에 익혀 먹는 화식을 기본으로 한다는 점이다. 따라서 중국에서는 식재료를 대개 한 번 익히는 데 그치지 않고 미리 데치거나 익혀 놓았다가 마무리 조리하는 경우가 많다. 이로써 양념이 고루 배게 하고 재료의 익힘을 균일하게 하는 효과도 거둘 수 있다.

물론 화식, 즉 숙식이 발달한 주요 원인의 하나는 대기의 오염이 심하고 물이 더럽고 재료가 깨끗하지 않은 데 있다고 하겠다. 그러나 난징(南京)과 상하이가 있는 양저우(揚洲) 지역의 화이양(淮陽) 요리는 호수와 강이 맑고 물이 좋아서 재료 자체가 지니는 본연의 맛을 살려 요리하는 게 특징이기도 하다.

중국 사람들도 현재는 음식을 차게 하여 먹고 마시기도 하지만 전에는 그렇지 않았다. "無火難成炊(불이 없으면 밥을 지을 수 없다)"라는 속담이 있듯이 지금도 중국 사람들로부터 찬 음식이나 날것을 먹지 않았었다고 주장하는 것을 들을 수 있는 것도 이를 뒷받침한다. 몸에 좋지 않다고 하여 물도 냉수는 안 마셨었다고 하는데, 사실 요즘도 정수기의 찬물은 막아 놓고 더운물만 나오도록 하는 데도 있다. 중국에서는 생수 중 마실 수 있는 물은 '텐수이(甛水)'라고 하고, 마실 수 없는 물은 '구수이(苦水)'라고 한다. 중국은 예로부터 수량이 적고 깨끗한 물이 풍부하지 않았기 때문에 사람들은 '카이수이(開水)'라는 끓인 물, 즉 '열탕(熱湯)'을 즐겨 마셔 왔다. 또한 채소도 날로 먹지 않고 반드시 끓는 물에 익혀 먹었다. 생선회도 날것이니까 잘 먹지 않았음은 당연하다.

다시 말해 중국은 찬 것이나 날것 등을 아주 꺼리는 편이다. 비록 공자는 물론 송나라 때까지는 중국인들도 회를 즐겨 먹었으나 그 이후 위생 문제가 대두되고 건강에 대한 인식이 강화되면서 음식을 익혀 먹지 않는 것은 야만적이라 생각하게 되었다. 1970년대까지만 해도 결혼하는 사람들에게 주는 최고의 선물이 보온병이었다. 그러다가 70년대 이후 새로운 문화가 거세게 유입되면서 기존의 문화가 크게 변모되는 가운데 지금은 '빙저우(氷粥)'가 인기라고 한다. 이처럼 많이 달라졌지만, 아직 한여름에도 뜨거운 물을 마시는 편이다. 위생상 채소도 날것으로 먹지 않고 끓는 물에 데쳐서 먹는다. 청정한 물과 식재료를 얻기 힘든 상황에서 비롯된 기름기 많은 음식으로 인한 배탈과 설사를 막기 위해서 끓인 물 또는 차를 마시는 중국인들의 지혜가 돋보인다.

앞에서 언급된 바 있는 "炒菜要油 作田要牛(재료를 볶을 때에는 기름이 필요하고 밭을 갈 때에는 소가 필요하다)"라는 속담의 탄생에서 보듯 음식을 만드는 데 기름의 사용은 거의 피할 수 없었다. 이러한 현실 조건과 이유 속에서 아직도 중국에서는 차가운 음식과 날것은 위와 장에 좋지 않다고 여기고 있다. 실제로 날음식은 위생적이지 못할 뿐만 아니라 배가 차가우면 소화장애로 인해 복통과 설사가 나타나며, 여성의 경우 생리통이나 생리불순이 생길 수 있다. 따라서 음식은 따뜻하게 먹는 것이 건강에 좋다고 의사들은 충고한다.

요컨대 중국인들은 무더운 여름에도 끓인 물을 마시는 편이며 보온병이나 컵을 들고 다니며 따뜻한 물을 마시는 관습이 남아 있기도 하다. 가능하면 술도 따뜻하게 해서 먹고 싱싱한 채소도 익혀 먹는 것을 선호하는 현상을 볼 수 있다. 이 점에서 중국의 음식문화는 한국과 상당한 차이를 보인다. 전통적으로 정월 대보름에 차가운 '귀밝이술'을 마셨고, 빙허각 이씨(1759~1824)가 "술 먹기는 겨울같이 하라"(『규합총서』)고 한 바와 같이 역사적으로 술을 차갑게 해서 먹기를 권유하며, 오늘날 추운 겨울에도 냉장고에서 차가운 음료를 꺼내 마시는 우리와는 분명 다르다고 하겠다.

① 生食多 傷筋骨.

　음식을 익혀 먹지 않으면 몸이 상한다.

② 生冷不入口 防病保長壽.

　날음식과 차가운 음식을 먹지 않으면 질병을 예방할

　수 있고 오래 살 수 있다.

③ 秋冬防病毒 少吃生食多洗手.

　가을과 겨울에 병독을 막기 위해 생식을 적게 먹고

　손을 많이 씻어야 한다.

　위 속담들에서도 알 수 있듯이 중국인들은 음식을 익혀 먹는 화식에 익숙한 편이다. 『예기』(왕제편)에 나오는 바와 같이 중국인들은 이미 오래전에 화식과 생식을 기준으로 한족과 주변 민족들을 구별하였음을 볼 때 그들이 얼마나 일찍부터 숙식에 길들여져 있었는지를 가늠할 수 있다. 물론 이렇듯 불에 익혀 먹는 습관은 현재까지도 내려오고 있다. 음식을 날로 먹지 않는 관습 때문에 화식을 위한 조리기술이 발달하게 되는 것은 자연스러운 일이다. 심지어 "半熟的不好吃 虛假的話是人傷心(반숙하는 음식은 맛이 없고 거짓말을 하면 마음이 상한다)"이라는 속담까지 있다. 푹 익은 요리가 아니면 잘 먹지 않았던 이러한 숙식 중심의 식생활은 분명 중국 특유의 음식문화이다. 사실 인류가 불을 발명하여 다른 영장류와 차별화되었음을 고려할 때 예부터 불을 소중히 다루고 가꾼 중국인들의 예지가 돋보이는 대목이다.

임진왜란 당시 지원병으로 왔던 명나라 군인들이 육회를 먹는 조선인을 보고 야만스럽다고 침을 뱉었다는 기록(『어우야담』, 『지봉유설』)도 남아 있을 만큼 중국에서는 반드시 뜨거운 불이나 물을 사용하여 익혀 먹는 식습관이 있다. 모든 음식을 익혀 먹는 데 익숙하기 때문에 지금도 중국인들은 우리처럼 상추, 깻잎, 배추 등 채소를 날로 먹는 것을 혐오하는 경향이 있다.

이와 같이 중국의 음식문화에서는 숙식을 원칙으로 한다. "水火相憎 鼎鬲在其間 五味以和(물과 불은 서로 멀리하나 솥을 그

사이에 놓으면 다섯 가지 맛이 이에 조화롭게 된다)"(『회남자』권17, 설림훈)
라고도 했듯이, 물과 불은 원래 서로 상극인데 솥 안에서 (위에 있는) 물은 끊임없이 불의 열기를 흡수한다. 일정한 온도에 이르게 되면 솥에 있는 물은 계속 열을 흡수하게 되어 음식을 익힐 수 있다. "大火開鍋 小火燜飯(센 불로 솥을 걸고 약한 불로 밥을 익힌다)"이라고도 하듯이 음식을 익히기 위한 시간의 조절과 불의 관리는 무엇보다 중요한 일이었을 것이다. "火急烙不好餠(불이 급하면 떡이 잘 구워지지 않는다)"이라는 속담도 있다. 다시 말해 중국의 음식은 미묘한 불의 조절로 만드는데, 불의 강도와 불을 사용하는 시간의 길이에 따라 음식의 맛이 달라진다고 보는 것이다.

① 不到火候不揭鍋. / 鍋盖揭早了煮不熟飯.
  익을 시간이 되지 않으면 솥뚜껑을 열지 않는다. / 솥뚜껑을 일찍 열면 불을 때도 밥이 되지 않는다.
② 炒菜看火候 穿衣看氣候.
  요리를 하려면 불의 정도를 살펴야 하고 옷을 입으려면 날씨를 봐야 한다.
③ 不同的火候 不一樣的蒸法.
  불의 기준이 다르면 찌는 방법도 다르다.

위 속담들에서 공통으로 주장하듯이 중국 음식문화에서 불을 가늠하는 '화후(火候)'라는 것이 문제이다. 화후는 구체적으로 불의 세기와 음식물이 익는 시간이다. 익히는 정도에 따라서 맛의 변화가 일어나기 때문에 불의 가감에 매우 주의해야 한다. 계란이나 콩이나 팥 등은 삶을수록 부드러워지는 데비해 생선이나 조개 같은 수산물은 오래 삶을수록 질겨진다. 화후는 중국 요리법에서 가장 중요한 요소이고 동시에 가장 조절하기 힘든 부분이기도 하다. 한마디로 중국 음식문화에서는 불의 조화가 관건이라 할 수 있다. 개성이 강한 시인이자 미식가로 알려진 청나라 원매(袁枚, 1716~1797)는 "熟物之法 最重火候. 有須武火者 煎炒是也 … 有須文火者 煨煮是也(음식을 익히는 데는 화후가 가장 중요하다. 모름지기 센 불은 볶거나 지질 때 사용해야 하고 … 약한 불은 오래 삶을 때 사용해야 한다)"(『隨園食單』, 火候須知篇)라고 했다.

약한 불에 오래 삶아 연하게 익혀 내는 것을 웨이(煨)라하고, 가장 보편적인 조리법에 해당하는 것으로서 중간 불로기름에 볶은 것을 차오(炒)라고 하며, 뚜껑을 닫고 약한 불에서오래 끓여 국물이 줄도록 달여 낸 것을 먼(燜)이라 하고, 센 불에 재빨리 볶아 내는 것을 바오(爆)라고도 하였다. 이 밖에도 찌는 쉰(燻), 고는 둔(燉), 굽는 카오(烤) 등 조리법이 다양해서 40가지가 넘는 방식으로 요리를 하는 만큼 중국은 숙식을 즐겼다.

짧은 순간에 불의 세기와 시간을 조절해야 하기 때문에 요리 경험과 솜씨가 부족하면 당연히 실패하기도 쉽다. "猛火烤不出 好燒餅(센 불에 좋은 빵을 구울 수 없다)"이라는 속담도 있다.

음식과 요리의 성패가 불의 강약과 시간에 달려 있는 까닭에 "三分技術 七分火(기술이 셋이라면 불 다루기가 일곱이다)"라는 속담도 있다. 여기서 화후, 즉 '불의 사용'이란 음식을 익힌다는 일차적 기능 외에도 색, 향, 맛을 결정하는 중요한 요소라는 데도 공감하게 된다. 불의 세기와 시간을 적절히 조절하는 기술을 익히는 데는 오랜 세월이 필요하다.

요컨대 불에 의지하는 숙식의 습관화는 마침내 조리법을 발전시키는 데 크게 기여했다. 중국의 조리기술은 한번에 익혀서 먹는 것보다는 여러 가지 방법을 이용해서 음식을 만든다. 미리 초벌 조리를 한 다음 마무리 조리를 해서 음식을 완성하는 것이 일반적이다.

3. 맛과 향이 제일이다

     한국에서는 속담이나 문헌은 물론 현실 생활에서도 음식에 대한 욕구를 자제하는 경향이 강하며 예절이 엄격한 편이다. 반면에 중국은 현대로 내려올수록 복잡한 예절에 신경 쓰는 것보다 음식에 대한 욕구를 마음껏 드러내고 있다고 하겠다. 중국인은 '혀로 먹는다'라는 말이 있을 정도로 중국인들이 다양하고 세련된 맛을 구가하고자 하는 것도 이와 무관하지 않다. 그리고 먹는 자들이 원하는 새롭고 좋은 맛과 향을 창출하기 위해서는 만드는 사람들의 능력이 절실히 요구된다. 즉 재료를 선택하는 안목에서부터 재료의 배합과 다루는 방식이 능숙해야 하고, 칼질도 솜씨 있게 잘해야 하는 등 가공기술이 뛰어날 때 비로소 만족스러운 음식이 만들어질 것이다.

　광활한 영토와 방대한 자원과 다양한 기후를 지닌 중국에서 산출되는 풍부한 식재료, 수많은 민족과 다채로운 조리방식 등을 통해 이루어진 음식문화를 간단하게 설명한다는 것은 결코 쉬운 일이 아니다. 다만 여기서는 이야기의 주제라 할 수 있는 융합방식 가운데 특히 사물과 사물의 융합에 부합되는, 중국의 음식문화가 가지고 있는 주요 특징만을 집중적으로 다루겠다.

　중국은 면적이 넓고 기후의 차이가 뚜렷하여 지역마다 독특한 생산물이 풍부하다고 할 수 있다. 따라서 중국의 음식문화는 음식의 종류에서뿐만 아니라 사용되는 재료, 요리법 등에서 다양성이 두드러지게 나타난다. 무엇보다 재료적 측면에서 한국의 식생활에서는 생각할 수 없는 동식물까지도 다 먹는다. 중국 음식에 자주 사용되는 재료는 수천 종이고, 진귀한 것까지 합치면 1만여 종이 넘는다고 한다. 게다가 조리방법도 1만 수천여 종이 된다고 한다.

　재료에 따라서는 고기만 보더라도 소고기를 사용한 니우러우(牛肉), 돼지고기를 사용한 주러우(豬肉) 혹은 러우(肉), 닭고기를 사용한 지(鷄)나 펑(鳳) 등 수없이 많은 요리가 있으며, 생선이나 채소 등의 부류에서도 그 수를 헤아리기 어려울 정도로 음식이 풍부하고 다채롭다. 재료의 배합에 따라서도 싼셴(三鮮), 쓰바오(四寶), 우샹(五香), 바바오(八寶), 스징(十景) 등 다양한 이름의 요리가 나올 수 있다. 심지어 가늘게 썬 피엔(片)이나 쓰(絲), 굵고 길쭉하게 썬 티아오(條), 짧게 토막 낸 두안(段), 네모지게 썬 딩(丁), 가루가 되도록 다진 리(粒), 둥글게 만든 완(丸) 등 재료(요리)의 모양에 따라 이름도 제각각 다를 수 있는 만큼 정교한 손놀림, 능숙한 기술이 요구된다.

중국 요리에서는 재료나 모양뿐만 아니라 씹기 편하도록 식칼을 사용하는 기교가 매우 중요하다. 예를 들면 돼지고기, 닭고기, 생선 등은 육질이나 결에 따라 비스듬히 썰어야만 요리할 때 고기가 질기지 않고 부드럽다. 그러나 쇠고기, 양고기 등은 육질이나 결의 수직 방향으로 썰어야 좋다. 이같이 다양한 고기의 육질을 살리고 까다로운 요리법에 맞추기 위해서 주방에서는 크고 묵직한 식칼을 사용한다. 밀가루 음식의 본고장인 산시(山西) 지방에서는 해마다 따오샤오미엔(刀削麵)을 만드는 칼솜씨를 겨루는 경연대회를 열기까지 한다.

일반적으로 인간의 식생활에서 건강과 영양을 강조하는 점은 과학적 실용성에 따른 것이라 할 수 있다. 하지만 이에 더해 중국인들은 조리기술에 의한 음식의 향, 맛 등을 특별히 중시했다. 일찍이 공자도 "色惡不食 臭惡不食 失飪不食 不時不

食(음식의 색깔이 나쁘거나 냄새가 좋지 않으면 먹지 않으며 요리를 잘못하거나 제철이 아닌 것은 먹지 않았다)"(『논어』, 향당)이라고 했다. 중국에서 말하는 요리의 품평기준인 '香味色形養意(향기, 맛, 색깔, 모양, 영양, 의미)'가 보여 주듯 향과 맛이 무엇보다 우선시된다는 것은 시사하는 바가 크다. 여섯 가지 기본요소 중 의미(意) 대신 질감(滋)을 넣기도 한다.

① 不經判子手 難得五味香.
   요리사의 손을 거치지 않으면 다섯 가지 맛과 향을
   드러내지 못한다.
② 五味調和 百味香.
   다섯 가지 맛을 잘 배합하면 향기로운 백 가지 맛과
   향이 나올 수 있다.
③ 食在中國 味在四川.
   먹을 것으로는 중국이고 맛으로는 쓰촨이다.

중국의 다양한 종류의 음식은 조리법에 따라 나온다고 볼 수 있다. 손놀림에 따라 재료에 향이 얼마나 골고루 배는가가 좌우되며, 재료의 고유한 맛을 살려 때로 바삭바삭하거나 때로 부드러운 촉감에서 오는 미각의 극치를 느끼게 된다. 가령 다량의 기름으로 튀기는 자(炸)가 있고, 소량의 기름에 볶는 차오(炒)가 있으며, 뜨거운 기름으로 살짝 튀기거나 물로 살짝 데치는 바오(爆), 약간의 기름을 두르고 부치거나 지지는 지엔(煎) 등이 있다. 똑같이 기름을 쓰더라도 사용방식에 따라 요리의 종류와 맛과 향이 다르다. 또한 국처럼 끓이는 것을 탕(湯)이라 하며, 푹 고는 것은 둔(燉)이라 한다. 찌는 것을 정(蒸)이라 하는데 연기로 찌는 것을 쉰(燻)이라 하고, 불에 직접 굽는 것을 카오(烤)라 하듯이 익히는 방법에 따라 요리가 크게 달라진다.

위 속담이 말하듯, 인간이 기본적으로 느끼는 다섯 가지 맛, 즉 신맛·쓴맛·단맛·짠맛·매운맛의 오미(五味)를 잘 융합하면 수백 가지 향기로운 맛을 낼 수 있다. 예로부터 다섯 가지 맛의 조화를 중시했던 중국인들은 풍부한 미각적 효과를 얻기 위해 요리할 때 다양한 재료를 사용해 여러 가지 맛을 내는 방법을 모색했다. 가장 기본적인 다섯 가지 맛을 기초로 음식의 맛을 500가지 이상 낼 수 있게 되었다는 연구들도 있다. 오미를 미묘하게 배합하여 만들어 내는 중국 음식의 맛의 다양성은 세계의 어떤 요리도 따를 수 없는 특징을 만들어 냈다. 마침내 세 번째 속담이 나올 만큼 중국 음식에서 쓰촨의 요리는 다섯 가지 맛의 조화가 뚜렷하다. 요컨대 중국에서는 오미의 융합에 의해 한층 새로운 음식의 맛과 향을 창출해 내는 문화가 융성하다.

　　중국인들은 음식의 맛을 오미로 구분할 뿐만 아니라 곡식을 오곡, 즉 기장, 보리, 조, 콩, 마로 분류하고 또 식용의 가축은 양, 닭, 돼지, 소, 개의 오축으로 나눈다. 이는 물론 오행사상에 따른 것이요, 따라서 각각의 맛은 오행의 하나에 해당하는 속성을 지니고 있다. 즉 오미의 경우 신맛은 나무의 성질, 짠맛은 물의 성질, 쓴맛은 불의 성질, 매운맛은 금속의 성질, 단맛은 흙의 성질을 띠게 된다. 또한 중국인들은 전통적으로 봄에는 신맛이 나는 음식, 여름에는 쓴맛이 나는 음식, 가을에는 매운맛이 나는 음식, 겨울에는 짠맛이 나는 음식을 많이 먹는데, 이는 바로 오행 사상의 영향이다. 중국인들이 인체를 우주 자연의 일부로 이해하고, 우주 자연이 음양오행의 순행에 의해 이루어지듯이, 인간 역시 음양오행의 질서에 걸맞은 음식을 섭취하여 건강한 생활을 유지하고자 했음을 알 수 있다.

　　특히 중국 음식을 "남첨북함동랄서산(南甜北鹹東辣西酸)"이라 표현하기도 한다. 지역에 따라 다양한 맛을 내는데, 북쪽은 사람들이 소금이나 장류로 요리하길 좋아하여 베이징(北京) 요리 및 산둥(山東) 요리의 맛은 좀 짜며, 남쪽은 사람들이 설탕을 넣는 것을 좋아하여 광둥(廣東) 요리처럼 음식이 달콤한 편이다. 그리고 서쪽은 신 것을 좋아하여 그쪽 사람들의 식탁에는 식초가 빠지지 않는다고 하며, 동쪽의 상하이 일대의 요리는 매운 편이다. 위에 나온 서쪽의 쓰촨 요리는 고추가 많이 들어가 매운 것으로 정평이 나 있다.

중국 요리는 맛과 향에 있어 다채롭고 탁월한데, 사용되는 식재료가 무수히 많을 뿐만 아니라 고도의 조리기술을 동원하여 융합된 오미를 기반으로 각종 천연의 맛을 적절히 배합하여 새로운 맛을 내기 때문이다. 또한 신선한 재료일수록 맛과 향이 좋기 때문에 양념을 적게 넣기는 하지만, 수많은 조미료를 혼합하여 복합적인 맛과 향이 더해져 보다 다양한 맛을 만들어 낸다. 가령 훠궈를 위한 양념장 즉 마장(麻醬) 하나 만드는데도 깨, 고추기름, 양파, 마늘, 후춧가루, 된장 등을 넣어야 한다. 중국 음식에 사용되는 조미료는 100여 종에 달하는데, 어떤 민족이나 국가의 음식에서도 이렇게 다양한 조미료를 사용하는 경우를 찾아보기 어렵다고 한다. 즉 수많은 조미료를 사용하는 중국인들은 육류, 해산물, 채소 등 두 가지 이상의 재료를 섞어 영양과 맛의 균형을 이루고자 했다. 다양한 양념과 조미료의 배합은 맛과 향을 자랑하는 중국 요리의 숨은 주역이다.

① 常用五香粉 高營養大味道.

오향 가루를 많이 쓰면 영양가가 높고 맛이 좋다.

② 一口吞了五香 什麽味道都有.

　　한 입에 오향을 삼키면(먹으면) 모든 맛이 다 있다.

③ 五香茶幹花生米 不是火腿勝火腿.

　　오향차를 땅콩과 같이 먹으면 햄은 아니지만 햄보다
　　더 맛있다.

　　위 속담들에서 언급되고 있는 오향 가루는 산초, 팔각,
회향, 정향, 계피를 섞어 만든 중국의 대표적인 향신료이다. 혼
합에 사용되는 향신료는 반드시 정해져 있는 것은 아니지만 주
재료로는 계피·산초·회향 등이 사용된다. 위와 같이 오향과
관련된 속담은 상당히 많은데, 오향을 적절히 사용하여 음식의
맛을 한층 높였던 것을 알 수 있으며, 특히 여기서 맛과 향이
불가분의 관계임도 새삼 확인하게 된다.
　　이상의 속담들을 통해 중국 음식문화에서 오미와 오향
이 빚어내는 융합적 맛과 향의 중요성을 이해할 수 있다. 한 가
지 맛이나 향으로는 얻기 힘든, 다섯 가지의 맛과 향이 융합 상
호작용을 통해 이루어지는 수많은 맛과 향은 새롭고 뛰어난 것
이다. 음식을 만드는 요리사들은 실제로 맛과 향을 위해 여러
가지 천연재료를 자유자재로 선택하며, 고도의 기술에 의한 재
료의 배합에 따라 맛과 향이 달라지는 결과를 얻는다. 또한 음

식을 만드는 사람들은 맛과 향을 위해서 조미료의 첨가 비율 및 횟수, 조리 시간 등 모든 가공기술을 갖추려 노력한다.

1. 기본자료

김부식, 『삼국사기』.

빙허각 이씨, 『규합총서』.

성현, 『용재총화』.

『세조실록』.

송재선, 『음식속담사전』, 동문선, 1998.

오페르트, 에른스트, 한우근 옮김, 『조선기행』, 일조각, 1974.

유몽인, 『어우야담』.

유중림, 『증보산림경제』.

이규경, 『오주연문장전산고』.

이덕무, 『사소절』.

이수광, 『지봉유설』.

일연, 『삼국유사』.

작자 미상, 『시의전서』.

정약용, 『아언각비』.

조재삼, 『송남잡지』.

최래옥, 『한국민간속신어사전』, 집문당, 1995.

허준, 『동의보감』.

孔子, 『論語』.

劉安, 『淮南子』, 卷17, 說林訓.

班固, 『漢書』.

徐宗才·應俊玲, 『俗語辭典』, 商務印書館, 2004.

王緒前, 『飮食諺語集成』, 湖北科學技術出版社, 2008.

王汝懋, 『山居四要』.

李時珍, 『本草綱目』, 利水滲濕藥.

溫端政, 『中國俗語大辭典』, 上海辭書出版社, 1990.

袁枚, 『隨園食單』, 鳳凰出版社(原江苏古籍出版社), 2006.

宗懔, 『荊楚歲時記』.

陳藏器, 『本草拾遺』.

2. 논문 및 단행본

강인희, 『한국식생활사』, 삼영사, 1990.

고광석, 『중화요리에 담긴 중국』, 매일경제신문사, 2006.

구성자·김희선, 『새롭게 쓴 세계의 음식문화』, 교문사, 2005.

김경은, 『한중일 밥상문화』, 이가서, 2013.

김인옥 엮음, 『중국의 생활민속』, 집문당, 1996.

윤진아, 『음식 이야기』, 살림, 2006.

이재정, 『의식주를 통해 본 중국의 역사』, 가람기획, 2005.

이춘자·허채옥, 「닮은 듯 닮지 않은 한국과 중국의 음식 문화」, 최준식 외, 『한국문화는 중국문화의 아류인가?』, 소나무, 2010.

이화형, 「한국음식문화에 나타나는 융복합성 일고」, 『동아시아고대학』 제23권, 동아시아고대학회, 2010.

_____, 『민중의 현실, 생활과 의례』, 푸른사상, 2014.

정광호, 『음식천국, 중국을 맛보다』, 매일경제신문사, 2008.

정연식, 「조선시대의 식생활과 음식문화」, 한국역사연구회, 『조선시대 사람들은 어떻게 살았을까』 1, 청년사, 1996.

조현정, 「중국 음식 문화에 대한 이해」, 계명대학교 통번역대학원 석사학위논문, 2009.

조흥윤, 「한국 음식문화의 형성과 특징」, 『민족과 문화』 제6집, 한양대학교 민족학연구소, 1997.

주영하, 『중국, 중국인, 중국음식』, 책세상, 2005.

지재운, 「중국의 음식문화소고」, 『외대사학』 7, 한국외국어대학 사학과, 1997.

최래옥, 「음식습속과 식사예절에 관한 민간습속어 연구」, 『비교민속학』 16권, 비교민속학회, 1999.

라스킨, 필립 외, 안기순 외 옮김, 『세계가 사랑한 한국』, 파이카, 2010.

리우쥔루, 구선심 역, 『음식』 중국문화 3, 도서출판 대가, 2008.

왕련샹, 주영하 역,『중국 음식 문화사』, 민음사, 2010.

劉軍茹,『中國飲食』, 五洲傳播出版社, 2005.

曹勇,「한국과 중국의 음식 속담의 비교 연구:《음식 속담 사전》
(1998)과《속담사전》(2006)을 중심으로」, 경기대학교 석사학
위논문, 2010.

陳連開,「중국의 식료문화」,『민족과 문화』제6집, 한양대학교 민족
학연구소, 1997.

彭素芳,「한·중 음식속담 비교 연구」, 충남대학교 석사학위논문,
2010.

『동아일보』2007.2.5 / 2007.7.12.

『조선일보』2006.8.14 / 2007.11.10 / 2007.11.22.